MYTHS OF LEADERSHIP

Banish the Misconceptions and Become a Great Leader

领导力陷阱

[英] 乔·欧文（Jo Owen）◎著

杨献军◎译

科学技术文献出版社
SCIENTIFIC AND TECHNICAL DOCUMENTATION PRESS

·北京·

图书在版编目（CIP）数据

领导力陷阱 /（英）乔·欧文（Jo Owen）著；杨献军译．— 北京：科学技术文献出版社，2019.12

书名原文：Myths of leadership

ISBN 978-7-5189-6195-5

Ⅰ．①领… Ⅱ．①乔… ②杨… Ⅲ．①领导学 Ⅳ．① C933

中国版本图书馆 CIP 数据核字（2019）第 257744 号

北京市版权局著作权合同登记：图字 01-2019-6472

领导力陷阱

策划编辑：王黛君 肖 宇 责任编辑：吕海茹 刘晨阳 责任校对：张吲哚 责任出版：张志平

出 版 者	科学技术文献出版社
地 址	北京市复兴路 15 号 邮编 100038
编 务 部	（010）58882938，58882087（传真）
发 行 部	（010）58882868，58882870（传真）
邮 购 部	（010）58882873
官方网址	www.stdp.com.cn
发 行 者	科学技术文献出版社发行 全国各地新华书店经销
印 刷 者	河北鹏润印刷有限公司
版 次	2019 年 12 月第 1 版 2019 年 12 月第 1 次印刷
开 本	710 × 1000 1/16
字 数	213 千
印 张	14.5
书 号	ISBN 978-7-5189-6195-5
定 价	59.00 元

前言

为什么需要本书

目前可供读者选择的领导力专著已经接近六万种，为何还要出版本书呢？原因在于论述领导力的专著实在太多了，它们借助于自己的理论彼此争斗较量，以期引起读者的关注。

本书的宗旨在于帮助你在混乱中寻找清晰明确的方向，成为你解读所有领导力陷阱、一时的趋势、各种理论与奇怪念头的实用指南读本。它会帮助你将陷阱与现实、事实与虚构区分开来。如果领导工作是一个历程，你就需要一份地图。本书便是那份地图，有助于你合理安排自己的历程，加快走向成功的步伐。

本书有什么独特之处

本书有以下三个特色：

1. 探讨分析的领导力理念不是一个，而是五十多个。书中描述了领导工作大观，重点解析在领导历程中可能遇到的各种陷阱、死胡同与捷径。

2. 与大多数依托一个视角的领导力专著不同，本书以三个视角为依托：

• 在全世界大多数行业与国家里开展的二十年原创性领导力研究成果，以及对全世界多个部落开展的研究成果，堪称名副其实的真知灼见。

• 我拥有四十年领导工作的经验，以及效力于世界多家大公司并同他们以及世界各地多位领导者开展合作的实际经验（作者在致谢中对他们表示了感谢）。此外，我还是八家非营利组织的创始人或共同创始人，每年的营业额总共有一亿英镑。这意味着我很重视领导工作在现实世界里所面临的挑战。

• 调查领导力陷阱时需要展开广泛的二次研究成果。我希望帮你避免浪费时间去阅读大量有关领导力研究的专著与文章，为你省却不少麻烦。

3. 本书通过提出各种问题，而不是提供答案，使读者获得深刻认识。许多论述领导力的专著均声称掌握了领导力的秘密，只要遵循三个步骤便可一窥全貌。然而真知灼见并非来自于他人的传教，即使所言属实。真知灼见来自于独立的发现。因此，你可以将阅读本书视为发现陷阱领域的历程。我希望你能够发现许多具有应用价值的重要内容。

本书如何发挥作用

本书并非仅仅探讨陷阱，同时也触及现实。本书不断将陷阱同日常领导工作现实进行比较。这样做是为了回答每个领导者在领导历程中面对的一些基本问题：

- 我怎样知道自己是否真的在发挥领导作用：什么是领导者？
- 如果我不是老板，我也能发挥领导作用吗？
- 如果我成为领导者，我是否富有个人魅力，能够鼓舞人心吗？
- 我能学会领导技能吗？如果能的话，应该怎样学？
- 为了充分发挥领导作用，我必须采取哪些措施？
- 我怎样才能获得领导能力？

如何使用本书

本书分成几个重要部分，主要是为了方便查阅。实际上你可以按照任何顺序阅读本书，来去自如；也可以从末尾读起，逐渐往前读；也可以按顺序一次读完，或者结合工作需要只读其中的一章。

本书力图引起读者对于一般领导力性质的思考，探讨如何更好地发挥领导作用。如果这一刺激举措使你开怀大笑，或者使你诅咒本书，那正合适。本书并不谎称知道领导力最终确定的答案，因为根本就没有这样的答案。本书只是打开了进一步了解领导力理论与实践的新窗口，邀请你一探究竟。你可能赞同其中的一些观点，对另一些观点持有异议。从每一种观点当中学什么，这由你自己决定。

最后，我还努力使本书易读有趣。论述领导力陷阱的专著很容易使读者迷失在专业术语中。我尽量在书中克服这一缺点。领导力专著还容易写得非常枯燥乏味，浮夸自大（就像一些自以为是领导者的人那样）。因此，我决定别开生面，力争将本书写得有趣耐读。至少在这方面，我希望已经成功地为你突破了常规。

现在就开心地阅读本书吧。

目 录 CONTENTS

Part 1 我们知道什么是领导力

Part 2 我们知道领导者做什么

Part 3　我们知道领导者的性格和特点

Part 4　我们知道领导者如何获得成功

Part 5　我们知道领导力理论

Part 6　我们对领导工作的看法

Part 7　结论

Myths of Leadership

Part

1

我们知道什么是领导力

陷阱 |

我们知道什么是领导力

没有任何一种领导力理论经得起科学质疑。

◎ 陷阱 1 的本质

给领导力下定义犹如在雾中寻找烟幕信号，有时会完全徒劳无益。我们认为自己知道什么是领导力，但是当我们试图要得出一个令所有人一致认可的定义时，却又发现自己如堕迷雾。这一点非常重要，因为如果我们不能在领导力的内涵上达成共识，就无法评判、议论或培养领导者。

为理解这一陷阱，我们要从以下四个方面对领导力展开剖析：

常识

我们一眼就能辨认出优秀领导者，比如丘吉尔、马丁・路德・金、纳尔逊・曼德拉与特蕾莎修女。此处我们需要明确“优秀”领导者的内在含义。如果优秀意味着高效，那么我们就可以将历史上许多独裁者或帝国创建者也包括进来。获胜的希腊人将亚历山大大帝尊称为“大帝”，而波斯人却将他称为“野蛮人亚历山大”，因为他摧毁了他们的文明。做一名优秀领导者与做一位高效领导者是两个不同的概念。

我们可以尝试运用常识，但是常识有时起着严重的误导作用。人们曾经根据常识认为，太阳围绕扁平的地球运行。你只要相信眼睛看到的下述“证据”就行了：太阳越过天空与扁平的世界后出现在地平线上。

常识看来也没有帮助。那就让我们将目光转向那些每天同高效与不太高效的领导者打交道的在职管理人员吧。他们应该知道领导力同什么相关。

在职管理人员

下面列举的是在一次具有代表性的研讨会[1]上，与会者们根据提问描述的领导者应具备的素质特征：

- 雄心勃勃，为人谦逊。
- 下达指示，向下属授权。
- 有远见卓识，脚踏实地。
- 喜欢创意，重视人才。
- 既能给予指导，又能掌控局面。
- 能鼓舞人心，有个人魅力，可信可靠，办事有规律。

感觉良好时，我们会自以为具备以上全部特质。但是在大多数时间里，我们会认为一个人不可能具备以上那些相互矛盾的领导者特点。

成功的领导者

借助于成功的领导者来给领导力下定义也行不通。一次研究活动曾经要求 100 位成功的领导者给领导力下个定义。[2] 结果很快就清楚了：他们描述的不是领导力，而是他们自己。[3] 他们全都认为自己的成功模式是一种普遍适用的成功模式。但是我们知道，进入另一个不同行业后仍然能够获得成功的领导者并不多见，正如伟大的政治家很少能成为杰出的商人。美国正在进行着一场实验，以验证相反的情况是否能够成立，即商界富豪是否会成为成功的政治领袖?

如果你不幸读过成功商界领袖的人物自传，你便会看到他们均坠入了同一个陷阱：他们认为自己的成功模式具有普遍适用意义。这些自传的危害性很大。任何一位有撰写自传冲动的人均有可能夸大事实，一心要标榜自我，青史留名。在上述人物当中有些可能是卓越的领导者，但是这些卓越的领导者的问题正是他们的出类拔萃之处。大多数领导者达不到这种境界，我们大多数人即便是心向往之，也无力实现这样的理想。

学术研究

这是一个非常危险的领域。每一位学者都提出了自己的领导力定义，并且极力捍卫。任何公开争辩的人均有可能在学术界受到惩罚，其严厉程度无异于因被视为异端而被判处火刑。学术界面临的挑战是没有任何可以确定领导力内涵的科学方法。各种假说层出不穷，而且每一种假说均有可能被驳倒。即便由德鲁克、科特和本尼斯等一流思想家提出的定义也前后矛盾，并不能普遍适用。[4]

有一篇论文[5]发现论述领导力的学术文章多达26000篇，总共提出了90个不同定义。然而，这无助于明辨领导力的内涵，只能造成很大混乱。

◎ 为何这一点很重要

目前我们面临着跌入时下流行的后现代怀疑主义论调中的危险，认为根本不存在任何真理，只存在我们选择相信的论断。但是如果没有人清楚领导力究竟是什么，我们在培养领导者这方面就会处境艰难。在不知道目的地在何方的情况下，我们无法启程，无法看到领导力的培养目标。

因此我们需要找到出路。我们需要一个有效的领导力定义，从而使我们能够取得一些进展。

到此为止，我们剖析了优秀或高效领导者具备的一些特点，但是没有得出明确结论。因此，我们要从另外一个视角来探究领导力的内涵所在。这一回我们不是关注领导者的特点，而是要考察领导者取得的成就，抛开他们的所作所为以及他们的身份特点，只根据他们取得的成就来评判他们。如果重点关注领导者们的所作所为，可以列出一份很长的乏味清单以表明他们从事的各项活动：领导者激励下属、做出决策、调度资源、呼吸空气、去洗手间……这份清单很长，因为你可以添加更多的活动内容；这份清单乏味，因为它会引起如下争论：哪些是领导者从事的活动，哪些是管理人员从事的活动。这样的争论毫无结果。

因此，我们需要重点关注的不是领导者的所作所为，也不是他们的身份特点，而是他们所取得的成就。

在给领导力下定义的所有努力尝试当中，美国前国务卿亨利·基辛格所下的定义可能最接近领导力的实质内涵。他将领导者定义为“带领人们实现他们自己无法实现的目标的人”。这一定义听上去有些乏味，不能给人留下深刻印象。但是这个定义却很有创意，结束了有关领导者特点的争论，将领导者同管理人员区分开来，而且指出领导力同工作业绩有关，同职位无关。这一定义给领导力设立了很高标准，即使最高尚的人也常常无法企及。

“带领人们实现他们自己无法实现的目标的人”，这就是本书所遵循采纳的领导力定义。这个定义在实践中会一贯奏效，但是没有任何领导力理论能够经得起科学的质疑。所以，我们只好以实践中奏效的定义为准。在之后阐述的各种领导力陷阱中我们将会看到，这是一个非常有效的定义。

◎ 给领导者的教训

如果想要担任领导工作，就必须帮助人们实现他们自己无法实现的目标。这意味着要敢于冒险，挑战当今事物的运作方式，与既得利益进行较量，开创新局面。虽然，并不是每一个人都想那样生活、工作，但是对于名副其实的领导者来说，那是他们唯一的生活、工作方式。

本书将会为每一个领导力陷阱评出独角兽等级。一个陷阱越神秘，危害性越大，得到的独角兽评分就越多。本章中提到的陷阱（我们知道什么是领导力）是一个危害性最大的陷阱。按照正常最多5个独角兽的评定等级来衡量，它应该得到6个，不过我们必须按照5个独角兽的评定等级来打分。

陷阱 2
存在完美的领导者

担任领导工作不需要为人完美。没有任何一位领导者能够面面俱到，从不失手。

◎ 陷阱2的本质

在上一个陷阱中，我们看到追随者们希望自己的领导者具备很多相互矛盾的优点，是个完美的人。这些优点包括：

- 雄心勃勃，为人谦逊。
- 下达指示，向下属授权。

• 有远见卓识，脚踏实地。

• 喜欢创意，重视人才。

• 既能给予指导，又能掌控局面。

• 能鼓舞人心，有个人魅力，可信可靠，办事有规律。

凡是认为自己如此优秀的领导者，我们应该敬而远之。对于我们其余的人来说，这是一份令人畏惧的清单。

人力资源部门似乎没有多大作用。他们也列出了一份很长的清单，上面标示出我们必须掌握的各种才干与能力。在这个并不完美的世界里，我们要如何才能达到完美无瑕的程度呢？

完美的食肉动物

那是在肯尼亚北部的柏克特与图尔卡纳部落开展的一次艰苦的实地研究旅程。在返回首都内罗毕的途中，我们正好穿过桑布鲁国家公园，看到了许多野生动物。于是我们便开始争论哪种动物是丛林之王（确切地说是那里的山丘与平原之王）。有人说是狮子，有人说是无所畏惧的鳄鱼，还有人说是大象，因为所有的动物在水坑旁边都要给大象让道。

我们决定通过创造出真正的丛林之王，即完美的食肉动物来解决这场争论。我们各自负责匹配这一丛林之王的一部分肢体器官。结果这样合成造出的动物长着鳄鱼的牙齿、大象的耳朵、长颈鹿的脖子、犀牛的厚皮、蝎子的尾巴、猎豹的腿。这种动物因为根本不可能成活，所以立即就死掉了。

领导者也面临着同样的情况。完美的领导者并不是集中了曾经活过的所有领导者的每一个最佳优点。完美的领导者就是适应环境的领导者。狮子在平原上繁衍生息，但是在驯鹿占有优势的北极却难以存活长久；而在坦桑尼亚塞伦盖蒂平原上，驯鹿则被称为“午餐”。如果你想担任领导工作，就要寻找有助于你获得成功的适宜的工作环境。

◎ 为何这一点很重要

在生活中，我们想要得到的结果与我们实际得到的结果之间经常存在着差距。这对于领导者来说也是一样。我们希望领导者完美无瑕，但是我们最后迎来的是____（在此你可以提及你喜欢的政治家或老板的姓名）。

随着你的领导工作进一步展开，你会发现自己慢慢地从暗处走出来，成为公众关注的人物。经过一段时间后，你会站到舞台中央，身边的聚光灯与照相机全都对着你，捕捉你言行举止的每一个细节。暗处的生活处境艰难，但是允许有错误。任何轻微的弱点（或者用人力资源部门的话说“发展机遇”）只会被那些最接近你的人看到。当你站在舞台中央时，你的每一个微小不足与失误都会被放大 100 倍，暴露在众目睽睽之下，使我们把领导者的弱点看得很清楚。我们知道他们并不完美，而且我们心里更清楚他们永远不会完美。

这对于所有的领导者来说却是一件大好事。它意味着担任领导工作并不要求为人完美，没有任何一位领导者能够面面俱到，从不失手。

◎ 给领导者的教训

最重要的收获是看到了希望：你不需要完美就能获得成功。除了这一励志性的教益以外，还有其他五个实际性的方法可以帮助你开启走向成功（而不是完美）的领导历程。

追求合适而非完美

你应该追求的是合适，而不是完美。你或者需要增长才干以适应工作环境，或者寻找与你的才干相符合的工作环境。后者比前者更为有效，改变工作环境比改变你的才干更容易一些。

增强自己的优势

每个人都有几个独特优势，其中包括很强的分析能力或创新能力，以及很高的团队合作工作效率等多种才干。这些优势是推动领导工作前进的动力。一定要找到能使这些优势对于你获得成功发挥重要作用的工作环境。这样你就会大有作为，前程似锦。

回避自己的弱点

企业发展部门经常要求你努力克服自己的弱点。这实在是一个非常有害的建议。举重运动员要想在奥运会上获胜，靠的并不是努力克服自己在花样游泳方面存在的弱点。假如你的分析能力很强而创新能力较弱，你就不会以成为公司的核心创新人才为目标而获得成功。你可以通过以下三种方式回避自己的弱点：

• 避免在所需重要技能是你的弱项的环境中工作。努力寻找可以让你发挥个人优势的工作环境。

• 组建一个可以弥补你个人弱点的强大团队。假如你讨厌记账，可以找记账员来从事你不喜欢的工作。

• 努力学习，使自己的弱点不至于成为要命的缺陷，但是也不一定要将其转变为一种优势。

不断学习

领导工作是一段历程，不是目的地。领导工作面临的挑战实质就是在公司每个部门接受每一项任务时，挑战总在不断变化（参见陷阱 10）。情况发生变化时，你也必须跟上变化的步伐。这会使得领导工作历程很有成就感，令人兴奋，使人享受到驾驭风浪的乐趣。

回避成功的牢笼

成功有时可以给职业生涯造成毁灭性影响。许多领导者最终之所以遭到失败，原因就在于他们曾经获得过巨大成功。这种经验后来成为他们不分场合运用的“固定成功模式”。但是大大小小的问题并不是运用同一种方法解决的。在不同情况下，需要运用不同的工具与方法。成功的牢笼就是你习惯照搬的以往经验，应该极力加以回避。

◎ 结论

完美的领导者好像一只独角兽，充满陷阱色彩，这使得领导力似乎无法为凡人所掌握。但是这对于领导者来说却是大有益处的。为了获得成功，你不必完美无瑕，不必成为一只独角兽。这个陷阱获得 5 个独角兽评分。

陷阱 3

领导力同你的级别、头衔或职位有关

绝不要将职位同工作绩效混为一谈。

◎ 陷阱 3 的本质

企事业单位都是具有等级结构的组织，这便导致了一个致命错误：每个人都认为他们的老板就是领导者。你可以问问那些高级管理人员谁是他们的领导者，即使在规模最大、名望最高的公司，他们也会说老板就是领导者。

◎ 为何这一点很重要

这一陷阱是危险的，原因有两个：

拥有重要的头衔并不能使你成为领导者

这仅仅意味着你拥有一个重要头衔。许多首席执行官、总统和首相都是失败的领导者：他们仅仅管理着继承而来的一份遗产。管理遗产本身并没有错，但是作为优秀的遗产管家，你在离职交出这份遗产时应该使它变得比以前更好，进一步增值。拥有 300 多年悠久历史的英国高富诺集团首席执行官的实例便很好地体现出这一点。他的工作不是将这家古老的地产公司变成最后要破产的一流高科技公司，而是为子孙后代管理好这份遗产。这是管理的艺术，但是被严重低估了。然而这并不是领导力。

领导者必须率领人们实现他们自己无法实现的目标。作为一种相关练习，不妨想想有多少总统和首相成功地按照自己的意愿使国家走向了新的发展方向。许多著名人物在这方面都失败了。当我在英国首相当中开展调查时，我发现自 1945 年以来只有两位首相合格：艾德礼创建了福利国家体制，撒切尔给我们留下了世界性的“撒切尔主义”思想遗产。所有其他首相均以一些琐事或错误留名史册。

你拥有重要头衔并不意味着你就是一位领导者。绝不要将职位同工作绩效混为一谈。领导力与你的工作行为有关，与你的头衔无关。这就引出了陷阱3危险的第二个原因。

有老板在并不能阻碍你发挥领导作用

如果说领导力与你的工作行为有关，与你的头衔无关，那么无论你在哪个部门工作都可以发挥领导作用。你不必将人们带到《圣经》中提到的“福地”也能成为领导者。如果你改变了服务团队的工作方式，你就是正在率领人们实现他们自己无法实现的目标的人，你正在发挥着领导作用。

只有及早学会发挥领导作用，你才能够坐到高级办公室里。你必须证明自己可以发挥重要作用，开创新局面。幸运的是，总会出现提高你本人领导能力的各种机会。在每家公司里，都会有情况不明朗不确定、使人产生怀疑的时刻，也会出现使人不知所措的危机与机遇。此时正是领导者挺身而出，追随者抽身后退的关键时刻。

经得起领导力检验

邓肯是一位设备经理。在这个工作岗位上，每个人都忽视你，或者冲你发火。他们抱怨服务不到位，家具、照明、洗手间、鲜花、停车位以及标志等各方面都有问题。只要你说出一样来，总是设备经理的错。

假如你是地位低微的设备经理，你怎样才能成为一名领导者呢？

有一天，该公司的合作伙伴去参加一次国际会议。邓肯没有接到邀请，但是他听说有一个资深合作伙伴在会上高谈阔论，阐述团队工作以及进一步以客户为中心的重要性。与会者对这种常见发言根本不重视。但是邓肯却记在心里。

邓肯决定亲自拜见这位资深合作伙伴，他要前往里面那间铺着由他提供的厚地毯，摆放着由他提供的古董复制品的办公室。在别人的带领下，他见到了那位资深合作者。

邓肯讲述了自己的看法：“如果你真的需要开展团队工作，就必须拆掉所有的私人办公室和小间隔，采用敞开式平面空间布置结构……这样会节省很多资金。”合作者闻听后笑了笑。邓肯又接着说：“当然，这意味着领导要以身作则：资深合作伙伴需要开始共用一间办公室。”这位合作伙伴脸上的笑容消失了。他陷入了困境，既不能表示反对，也不想说同意。

邓肯继续说道：“实际上每100名员工只需要70张办公桌。我们应该尽量多让员工在外面同客户开展工作。越是以客户为重，我们的工作成本就越低。”这位资深合作伙伴开始在想，他雇佣的设备经理是什么人物……

以头衔而论，邓肯只是一位设备经理，但是从其实际表现来看他却是一位领导者。他正在积极地率领公司实现前所未有的新目标。他甚至在引导说服资深合作伙伴采取一些前所未有的新措施。

◎ 给领导者的教训

陷阱3可谓苦乐参半。由于职务高低不同，所得的教训也不一样：

• 如果你在公司里担任高层职务，不要以为这就意味着你在发挥领导作用。担任高层职务只是意味着你有一个重要头衔，也许还有一份优厚的薪金。如果你要发挥领导作用，就必须表明你正在率领公司去实现此前无法实现的目标。

• 如果你在公司里担任高层职务，不要觉得有必要成为一位变革型领导者。如果你想让公司再继续存在300年，那么为继承来的遗产做好管家就是值得称道的。

• 如果你在公司里担任中层或初级管理职务，那也不应该妨碍你以领导者的方式思考问题，开展工作。你的大部分时间不可避免地要用在管理上，因为那就是你的工作。但是你在工作中应该寻找机会重新确立你所在部门的业务运作方式，你甚至可以寻找机会在更大范围内改变公司的业务运作方式。

• 以领导者的方式思考问题、开展工作，不应该仅仅始于担任高层职务的时候。那个时候已经太晚了，你应该已经养成可以制约你本人行为方式的终生习惯。也就是说，如果你想发挥领导作用，必须尽早地以领导者的思维方式思考问题，开展工作。

领导力同工作绩效有关，同职位无关。无论你拥有什么样的头衔，你都可以发挥领导作用。你也可能担任着高层职务，但却没有发挥领导作用。你可能处于公司的最底层，但却发挥着领导作用。你有自己的选择自由。应该做出明智的选择。

◎ 结论

这一陷阱足以赢得5个独角兽评分。以上所述直接触及有关领导力争论的核心问题，推翻了“老板就是领导者”这个站不住脚的看法。它对于身居高层者提出问题，将处于底层的员工们解放出来，让他们有机会成为真正的领导者。

陷阱4
管理人员就是领导者

领导者可以改变世界，而管理人员则管理世界。

◎ 陷阱4的本质

我们生活在一个词语贬值的世界里。你要是将一首歌曲唱上了排行榜，就会被誉为歌坛巨星。以前的人事部门变成了战略人力资本部。销售人员如今是客户关系经理。银行里的交易员成为无人向他们汇报工作的副总经理。如今所有的管理人员均被告知，他们是真正的领导者。

关于领导者与管理人员之间的差别的争论可以很快变成见仁见智的事情，激烈程度有余，而明辨不足。幸运的是，我发现在领导与管理工作之间存在着一种可由统计数字证明的实际差别。这个差别就是论述领导力的专著比论述管理的专著销量更好。这两种专著我都写过，书名中包含有“领导力”（lead）一词的专著同书名中包含有“管理”（manage）一词的专著销售量比率为5∶1。所有商业图书的销售情况同样如此：只要提及“领导者”（而不是管理人员），图书销量定会大增。我们都想成为领导者，而不是管理人员。

◎ 为何这一点很重要

一方面，称谓夸大其词没有任何坏处，这是对于那些努力工作和有重要贡献的员工的一种廉价承认方式。但是另一方面，这又很重要，因为对领导职位的狂热崇拜既贬低了领导力，又贬低了管理工作，是各种不切实际的期望的根源。

贬低领导力

有一家知名的零售联营公司引以为豪的是，基层商店新来的毕业生做起事来就像是“领导者”一样：他们必须自己寻找解决员工短缺问题的方案，必须在清洁商店环境与进货方面实行很高的标准，必须处理不断出现的各种客户问题。毫无疑问，这些工作对于新来的毕业生而言要求很高，但是这也算发挥领导作用吗？如果这就是领导者的所作所为，那么全体高层管理人员又在做什么呢？

这正是基辛格给出的领导力定义有所帮助的情况：“领导者率领人们实现他们自己无法实现的目标。”这表明很多被视为体现出“领导力”的行为同领导力毫无关系：那都是高效的管理行为。

革命运动可以使我们深刻理解领导力的性质。革命运动需要领导者带头打乱旧秩序，迎来充满希望、繁荣和公平的新世界，尽管有些革命运动带来的是集中营和独裁统治。但是在爆发革命前后，需要无数个管理人员确保列车正点运行，确保每天早晨有人送来面包。如果革命运动当中只有领导者，没有管理者，那只能陷入混乱。领导者可以改变世界，管理人员则负责管理世界。

如果认为管理人员都是领导者，那就贬低了领导力。领导力是一个很高的横杆，难以轻松逾越。

贬低管理工作

当代人对领导职位表现出的狂热，意味着没有人仅仅被视为一位管理人员。如果能做领导者，为什么还要做管理人员呢？这种看法严重低估了优秀管理人员的重要性以及他们面临的挑战。

正如我们在前文中以革命运动打比方时看到的那样，爆发革命前后以及在革命运动当中，都需要有管理人员来管理这个世界。有了管理人员，领导者才能够发挥领导作用。离开了有效管理，领导者只能夸夸其谈，难有建树。

管理工作面临的挑战，甚至更有可能大于领导工作面临的挑战。管理人员不具备领导者掌控的权力以及明确的方向感：

• 领导者通常掌控着他们为了实现目标所需要的各种资源，而每一年管理人员都发现预算不断减少，目标却不断增加。

• 领导者具有同他们的责任相匹配的权力，而管理人员在工作中面临的情况通常是责任超过权力。为了有所作为，他们必须想方设法去影响那些自己无权控制的人员。幕僚职能常常有利于首席执行官，而不利于其他管理人员。

• 领导者可以控制行动方向，他们有权决定往何处去。中层管理人员则常常面临着来自不同部门的各种矛盾要求。他们必须自己解决任何公司中层所经常面临的模棱两可的问题。

管理人员必须通过其他员工来完成任务。这是非常棘手的工作，成功实属不易，因为情况总是不利于管理人员：员工离职、供应商使你失望、客户希望少花钱多受益、税收人员只想多收税，而最高管理层会将最后期限提前，又常常提出一些让你执行的绝妙主意。

我们不应该谎称所有的管理人员都是领导者，而要赞美他们所起的实际作用：他们是企事业单位获得成功的重要中坚力量。

与实际相脱节的期望

毕业生招聘人员总是大肆吹嘘自己能提供的工作待遇。这种吹嘘宣传往往意在表明，他们期望新招聘的员工一开始就发挥领导者的作用。紧接着这些新来的“领导者”便发现他们所做的只是一些单调乏味的苦差事，也就是所有刚开始入行的新手主要承担的那些工作。这种与实际相脱节的期望是绝望的主要根源，使很多员工在从业初期纷纷跳槽。随意许诺要付出很大代价。

◎ 给领导者的教训

• 核实一下实际情况。你是否真的在发挥领导作用？如果你是一位管理人员，应该为此感到骄傲。你所做的工作是任何公司获得成功的基础。

• 称赞、珍惜你的管理人员。你的管理团队有多成功，你就有多成功。他们这些人能将想法变成现实。

• 树立明确的期望。并非每个人均可以一直在发挥领导作用。即使是最优秀的领导者也会将大部分时间用于开展管理工作，使业务正常运转，避免出现重大事故，而不是改变世界。如果你能适当重视管理工作，就不会有人介意被称为管理人员，他们会明白自己必须做什么。如果你不切实际地认为每个人都会成为领导者，那么你会发现许多管理人员对此深感失望，他们会跳槽寻找更好的工作环境。

◎ 结论

一个足以贬低领导力与管理工作的陷阱，应该得到 5 个独角兽评分。我们应该更加重视管理工作，充分理解其与领导工作的差异。

陷阱 5
领导者知道什么是领导力

领导工作就像是一种你弄不懂规则的游戏，而且规则与裁判都在不断地变化。

◎ 陷阱 5 的本质

有利的一面是，领导者知道究竟什么是领导力。他们当中的许多人会毫不犹豫地直接告诉你，或者在发言中告诉你什么是领导力。不利的一面是，他们相互之间全都有意见分歧。单独来看，每个领导者讲得都很清楚，但是整体而言，他们却又讲得一塌糊涂。

以下是一些领导者在迎接公益性的“以教为先”(Teach First)[1]计划启动仪式上接受采访时发表的有关领导力的看法：

• 英国上议院女爵：“这是服务工作。如果你把它看成是进入高层的途径，傲慢自大，野心勃勃，那就非常令人不快。”

· 招聘公司首席执行官：“领导者是大家都想要追随的人。”

· 政府机构主管：“领导者就是要身先士卒。你应该清楚要向何处去，而且必须激励人们追随你。”

· 重点大学负责人：“领导力关系到解决问题，找出解决方案。许多人能够分析问题，但是领导者可以找到解决方案。”

· 大型搜索公司负责人：“领导者为人谦逊，又能够倾听别人的意见、具有探索精神、思想开放、有能力制定行动方针。”

· 国际律师事务所首席执行官：“领导者能在他们的业务工作上体现出明确的目的性、远见卓识和热情。”

· 国际传媒公司首席执行官；“许多不同类型的人可以在多种情况下发挥领导作用……”

· 金融服务公司首席执行官：“领导者在刻板的印象中是很有个性、非常外向的人。但事实正相反：大多数领导者都是一些言语不多，工作效率高的人。”

上述所有定位具有三个共同点：

· 均在一定程度上道出了实情。也许它们并不是完整的领导力定义，但是全都反映出有些领导者行为的某个方面。

· 全都有所不同。

· 全都反映出受访者的个性。这些领导者有的我直接认识，有的间接认识。在每一种情况下，他们都不是在直接描述领导力，而是在描述他们自己渴望发挥领导作用的方式。他们都是各自领域成功的领导者，这就意味着成功的领导模式不仅只有一种。

从媒体报道上看，有多少种领导者，就有多少种领导力定义。[2]下面是一些首席执行官发表的有关领导力的观点：

· 拥有无私的心胸。

· 为了取得成功建立自己的团队。

- 激励别人变得更加优秀。
- 有勇气有远见。
- 倾听别人的意见，鼓舞士气，增加员工的自主权。
- 知道真正的领导力来自于影响力。
- 放弃舒适生活，敢于冒险。

上述每一点完全有效。每一段原话均可以变成一整套很有影响的价值观与信念，激励各自的公司向前发展。但是总体来看，这份清单要求极高；也就是说，你必须是个超人才能发挥出领导作用。而且，它并没有向你阐明必须采取什么措施才能够在自己的工作中获得成功。

◎ 为何这一点很重要

如果领导者在“哪个乐队是最佳摇滚乐队”这个问题上有分歧，这无关紧要。如果领导者在领导力内涵的问题上有分歧，那就非同小可。主要原因有两个：

培养下一代领导者

如果不能就“领导力的内涵”取得一致意见，就无法培养新的领导者。在施工前知道自己要建什么是不会吃亏的。

更危险的是，领导者认为自己有关领导力的看法正确无误。这意味着他们希望下一代领导者全都是按照他们的领导力基因克隆出来的“迷你型”领导者。

骄傲自大

自以为是的领导者必将遭到失败。在一种情况下获得成功，并不能保证在另一种情况下也获得成功，或者在当前情况发生变化时同样获得成功。对于最成功的领导者而言，有一个问题显得非常严重：他们容易受到成功的束缚。一个成功模式使他们获得过巨大成功，因此他们并不想善意地对待那些主张“成功途径不唯一”理论的学者专家们。人们一旦获得成功，便会很自然地重复去做同样的事情，他们认为改变自己的成功模式是冒险行为。就短期而言，改变自己的所作所为确实是冒险；但是从长期来看，不改变自己的所作所为却是个致命错误。你不可能以过去的模式取得未来的成功。

◎ 给领导者的教训

领导工作离不开具体情境

你必须找到在你所处的环境中奏效的措施。一些专家自称有一种“分为三个步骤，普遍适用”的轻松成功模式。不要轻信他们的吹嘘之词。

学习与成长

在整个职业生涯中，具体情境总会发生变化：你会得到晋升，面临新的挑战，周围的世界也会发生变化。领导工作就像是一种你弄不懂规则的游戏，而且规则与裁判都在不断地变化。因此，能够迅速成长且善于学习就变得非常重要。员工手册为你解说所有的规则，但是唯独没有向你明示取得成功的规则。这些重要规则你必须靠自己去发现。

发现并培养成功必需的核心技能与思维方式

有一些关于领导力的普遍真理。如果你基本上不喜欢别人，而且懒惰散漫，玩世不恭，没有抱负，那么你就很难成为领导者。你需要有自己的成功理论。也许这一理论是错误的，但是至少它可以为你提供一些指导原则。如果你善于学习，迅速成长，你就可以根据自己的经验来修改自己的成功理论。一开始遵循这一原则：领导者能够率领人们实现他们独自实现不了的目标，并且据此开展工作。如果那就是工作目标，为了实现这一目标你需要具备什么技能与思维方式呢？一般来说，你需要能够激励、影响别人，拥有吸引人的明确想法，善于交流沟通，做出合理决策。

◎ 结论

如果领导者在“什么是领导力”的问题上意见不统一，那对于理解领导力的本质而言无疑是一个重大挑战。这一陷阱可以获得 5 个独角兽评分。

陷阱 6

创始人就是领导者

创始人要做的不是成为团队中最聪明的人，而是将最聪明的人吸收到团队中来。

◎ 陷阱 6 的本质

这一陷阱实质上是以一个简单的事实为基础：发挥领导作用的最简单方式就是行动起来，有所作为。问题是带头的创始人是否能够发挥适当的领导作用，能够发挥作用多久。

为了成为创始人，你不必先要成立一家公司。在公司里如果你提出了一个新倡议，那你就是这一新倡议的创始人。如果你在公司里首创一项措施，那么“创始人就是领导者”的理念便很奏效。

在同时也成立新公司的情况下，“创始人就是领导者”便显得更加自然。但是就像火山、鳄鱼和飓风一样，自然的事物可能非常危险。

在公司里如果你有一个构想，一般情况下你要尝试着将其付诸实施。先发优势具有很大的影响力。一旦你负责领导一个新项目，或者开发一个新产品，各种各样的人都要参与进来，施加影响。但是他们全都在对你提出的重大构想进行微调。你必须在公司里不断赢得相应的领导权，带领别人实施你的构想。如果你开始进行斗争，起初你会得到支持，后来就会被别人所取代。创始人的权力受到严格限制，你有机会发挥领导作用，但是你并不因为有想法而享有完全自由领导权。

问题出在有些公司以及非盈利组织的创始人身上，因为他们常常通过股权或者通过非盈利组织会员结构等形式垄断管理权。公司内部的正常制约平衡机制对于公司创始人不适用。他们可以我行我素，直到赚得数十亿利润，或者公司破产。

由于受到生存者偏见的影响，这个问题变得更加严重。我们全都读过这样的传奇故事：聪明的企业家从具有神秘色彩的车库里白手起家，以总裁的身份乘坐喷气式飞机出席世界大会，并在世界经济论坛上发言。这会使人产生如下幻觉：创始人永远是率领公司走向成功的人物。我们从未听说过那些没有生存下来的创始人的故事，诸如他们从车库里白手起家，创建了小型企业，后来破产倒闭了。每一位成为亿万富豪的创始人的后面，都有成千上万没有取得那么显赫成绩的创始人。创始人要做的不是成为团队中最聪明的人，而是将最聪明的人吸收到团队中来。

◎ 为何这一点很重要

这一陷阱很重要，因为创始人并不总是领导业务工作的合适人物，但是他们却发现很难放权。当你创建了一家企业时，它就是你的婴儿，你花费全部时间精力要使它获得成功。一想到将它交给别人就非常厌烦。他们也许会杀死你的婴儿，或者将其变成怪物。对于许多企业家来说，快乐就体现在经营过程中，不仅仅是为了赚钱，尽管赚钱也很重要。重要的是将一种想法变成现实时感受到的快乐。

白手起家具有不可思议的魅力。任何一位创始人都不会放弃这种魅力。在比较务实平淡的层面上，创始人知道他们的选择是有限的，试图成功地创建另一家新公司至多是碰运气。他们还知道，自己不可能再去为别人打工，创建公司可能没有回头路：一旦你品味到独立创业的自由与心酸，从情感上便再也无法回到就业的镀金笼子里去了。琐碎的规矩、权术，为你不钦佩的人工作，所有这些都令人难以承受。

创始人常常难以率领他们的创业公司走向成熟，其原因与公司里的年轻领导者难以成为中层和高层领导者是一样的。无论你是在一家公司里工作，还是自己创立了一家公司，当你不断取得进步时，领导成功的规则也在发生变化。在公司里你可能发展较慢，但能获得较多支持；如果你自己独立创立新公司，则可以发展很快，但是缺乏相应的基础设施支持来帮助你学习，帮助你发挥领导作用。

当你创业时，你就是自己的销售人员、客户管理人员、业务主管、IT 服务人员、人力资源部门与设备经理。所有的事情必须由你亲自来做，效率极低。从那里起步，过渡发展成为拥有自己的IT部门、运营部门、财会部门与人力资源部门，拥有法律、销售与营销人才的大型企业，这无疑是个巨大飞跃。如果这些事情全部由你来做，你就是位创始人，不是领导者。作为领导者，你必须建立一个能将你的构想变成现实的团队。如果你这样做了，你就会成为一个成功的领导者与企业家，无论你给自己一个什么头衔。绝不要将你的头衔同你发挥的作用混为一谈。你不必成为首席执行官也能发挥领导作用。

◎ 给领导者的教训

抢先一步，雷厉风行

公司创始人可从先行优势当中受益巨大。只要抢先一步，通常你就有机会率领众人实现你的构想，尤其是在众人不知所措，或者所有的选择都很冒险的危急时刻、不确定时刻。先行优势也适用于创业公司，其中许多都是团队创建的。应该加入这样的创业团队，也就是说，在还没有网址、公司名称或者合法身份的时候就参加团队创业。如果你这样早地参与创业，就有机会把握自己的命运。如果加入创业团队较晚，你的命运就会受到那些先行者们（创业团队成员）的影响。

知道自己的附加值在哪里

作为创始人，你会为自己创建的公司带来一些神奇的特点。你会拥有灵感、激情与愿景。这使你自然而然地成为同客户、投资者与合作伙伴打交道的“啦啦队长”。你也许还会带来其他一些具体才能。作为创始人，你有权根据自己的需要确定自己发挥的作用。这意味着你不必非要成为首席执行官。

建立自己的团队

重点关注自己可以做好的事情，同时也吸收其他人才支持你。在公司发展过程中，你不要总是考虑自己亲手记账，因为其他人可以做得更好。将同样的原则也运用到公司全部管理与领导工作上。

高效学习，迅速成长

如果你想领导公司发展到较大规模，就应该做到高效学习，迅速适应发展需要。

在这方面，请参见陷阱 9 有关公司各部门领导技能如何变化部分的内容。你的领导职务也许没有变化，但是你的领导规模却在不断扩大。规模是高级职务的有效替代形式：你的业务规模越大，你所起的领导作用就越像是高级领导者所起的作用。

◎ 结论

创始项目是发挥领导作用的最简便途径。这意味着要深入实际，而不是沉浸在陷阱当中。但是许多创始人都失败了，因为他们不是优秀的领导者。所有的“美好陷阱”都同真理与幻想融合在一起，陷阱 6 也不例外。获得 3 个独角兽评分。

陷阱 7

领导力具有普遍适用性

要努力提高文化情商，不要急于积累文化知识。

◎ 陷阱 7 的本质

根据上次统计结果，亚马逊网站提供的书名中带有“领导力”一词的图书共计 58217 册。算上本书，总数又有所增加。希望你读得开心。

这些图书中的大多数就像当代炼金术士一样，试图找到提高领导力的灵丹妙药。尽管大多数这类图书提供了关于领导力的一些有益见解，但是追求普遍适用的真理就像中世纪追求长生不老药或者炼金术那样毫无意义。根本不存在普遍适用的模式，只有在你所处的具体环境中适合你的具体方法。具体环境的一个关键因素就是同全球地域相关，不同的文化具有不同的领导与管理方法。

由于领导力文献的大多数作者来自英语国家，因此有一种严重偏见，认为只有讲英语的“白人领导方法”才是正道。在美国霸权时代，这种看法有一些道理。这意味着“全球化”就是在世界各地推行西方惯例的代名词。日本的崛起以及各种西方行业因此消失，无疑是第一次敲响的警钟。而中国与亚洲其他地区的崛起，这是第二次敲响的警钟。

尽管如此，在领导力方面仍然存在着明显的西方偏见。一位日本管理人员说道：“我们读过许多美国作者撰写的商业书籍，但是有多少美国人读过日本作者撰写的商业书籍？”日本人对美国的了解程度超过美国人对日本的了解程度。日本在管理方面取得的最大成功就是采用了质量进程管理法。他们从一位名叫爱德华兹·W. 戴明的美国人那里学会了各种管理原则，[1]但是美国只是在日本开始“发起猛攻”时才采用戴明提出的管理方法。

世界了解西方，但是西方了解世界吗？东西方之间存在着巨大的认识差距，这对于西方不利。

◎ 为何这一点很重要

领导力在世界各地不尽相同。我们不能认为在一种环境下奏效的措施应用在另一种环境里同样奏效。[2,3]

表 7.1 突出体现了几种不同文化之间的差别。研究表明，即使你乘火车穿越海峡隧道从英国前往法国，在这个短途历程中所有的规则都会发生变化。[4]下面的小片段就说明了这一点。

英法人士之间的合作与冲突

伯特兰是办公厅主任，在巴黎领导着一个大型的政府部门。他在接受我们采访时提到英国人在做决定时非常讲究实际。他的话听上去像是恭维，不过他是法国人，我是英国人，所以这肯定是一种侮辱。于是我要求伯特兰给予解释。“在法国，我们做决定时是非常严格的。我们采取的是理性方法。所以一旦我们做出决定，我们就认为它是正确的，坚决贯彻执行。但是你们却比较讲究实际，今天合理今天就做，到了明天也许就改变了主意。因为你们不运用肢体语言，我们不知道你们在想什么，但是我们知道你们会改变主意。由于这个原因，我们认为很难信任英国人。”

我当时可能显得垂头丧气，因为随后他又说了一些表示安抚的话：“不要担心，德国人更差劲……”

◎ 给领导者的教训

发展自己的文化智商

阐述不同国家之间文化差异的文献可谓浩如烟海，但是没有人能够掌握全世界的所有细微文化差异。你要做的不是成为人类学家，而是发挥领导作用。

相关原则并不复杂，即使实施起来有难度：

• 不要想当然地认为你的方法肯定正确。在全球范围内开展工作是为了寻找世界上最优秀的人才、最有成效的解决方案。

• 敏锐观察，高效学习，迅速适应。保持好奇心，品尝当地食品，欣赏当地音乐，尝试当地的做事方式。在全球范围内开展工作是丰富经验、提高能力的大好机会，所以一定要充分利用这个机会。

• 要认识到你是一个具有外来文化与习惯背景的人。参见表 7.1。

• 要有积极的态度。在国际化团队中更容易发生误解，而且比较难以解决。出现这种情况时，应该认为另一方具有专业水平，想把工作做好。避免怀疑、指责对方。

• 沟通始于理解。这意味着少说多听。

表 7.1　四种文化中的领导与经营风格

因素	英国	日本	传统社会	法国
决策过程	务实，沟通充分	达成共识	共同商议，公开	上传下达，考虑周密
身份等级	直呼老板名字	使用敬语	重视年龄与性别	以“你”或“您”，相称，取决于相互关系
人脉	以职业为基础	以企业组织为基础	以家庭为基础	看重学术背景
教育重点	文科教育	数学、科学与工程	非正式的口头通才教育	数学与科学
重要行业	城市，服务与媒体	工程与制造	生活资料	工程与奢侈品
价值观	道德规范，法律精神	诚信与信任，法外解决	尊重社区群体	诚信，恪守法律字面意义
分配任务	责任大于权力	集体负责	分片负责	责任需要权力
反馈	间接反馈，常常是正面的	尽量避免反馈	没有反馈	直接反馈，常常是负面的
肢体语言	不易察觉，常显得狡诈	正式礼节	开放行为	开放直率

续表

因素	英国	日本	传统社会	法国
开放程度	伦敦的“温布尔登化”	封闭	双重性质	封闭：革命式而非渐进式
法律	灵活地习惯法	避免运用法律	重视传统与个人因素	罗马法，规定性强
思维方式	实用主义	重实效	传统式	重理论，建立在各种原则基础上
会议	做出决策	确认决策	具有社交色彩	发表意见，捍卫立场

谁体现出外来文化？

天色已晚，我们都喝醉了。在日本，晚上这个时候正好可以一吐真言，到了第二天还能得到原谅。有位企业高管俯下身来对我说：“乔先生，我有事要问你。”我赶紧凑过去，表示我们要开始谈论正事。

“你怎样握手？”

我们认为日本式的鞠躬令人费解。实际并非如此。从名片上就可以知道谁应该首先鞠躬，谁的鞠躬幅度最大，时间最长。由于这个原因，初次见面时就要立即相互交换名片。

相比之下，握手却显得神秘。有哪些规则？你知道何时应该握手，同谁握手吗？你在握手时应该用多大力，应该握多长时间？各地的规则都一样吗？我们甚至不应该养成法国人的接吻习惯……

现在你要解释一下握手规则。

◎ 结论

陷阱 7 在每个部门都传播很广，危险性很大。每个人都认为他们的成功模式独一无二，但是在新的环境里他们都会遭到失败。西方人认为他们垄断了智慧，但是却受到具有不同思维方式的领导者的挑战。5 个独角兽评分。

Myths of Leadership

Part

2

我们知道领导者做什么

陷阱 8

我们知道领导者做什么（1）：高层领导者

领导力同具体情境相关，根本不存在万能的领导者。

◎ 陷阱 8 的本质

在一定程度上我们确实知道领导者做什么。他们与别人谈话，倾听意见，发送电子邮件，参加会议，阅读文件。不过这些也是在办公室里工作的任何人常做的事情。我们还知道领导者也呼吸空气。没错，但是这一点在此毫无意义。真正的问题是，“我们是否知道有哪些事情领导者常做，其他人却根本不做呢？”在不同情况下，领导者必须做不同的事情。例如致力于发展公司的领导者与致力于削减成本的领导者是两种完全不同的人。他们具有不同的能力，做的事情也不一样。

也就是说，领导力同具体情境相关。根本就不存在无所不能的领导人。不同的困难，需要不同的领导者去解决。

◎ 为何这一点很重要

这一点很重要，有以下两个原因：

- 任命领导者。
- 管理你的领导历程。

任命领导者

当董事会寻找一位新的首席执行官时，他们不仅仅是在寻找一个具备领导素质的人（无论怎样看待这种素质），因为许多人都具备这种素质。他们也是在寻找一个适当方案来解决公司面临的重大挑战。例如，公司面临的挑战也许关系到：

- 走向世界。

• 结构重组，促进发展。

• 简化经营方式。

• 加速发展。

• 加速创新，抢占市场。

另外还有其他许多挑战。每一个挑战均需要公司领导者拥有一套非常不同的应对解决本领。也就是说，领导者与公司将要投入到各种非常不同的活动中去。如果面临的挑战关系到走向世界，那么同公司结构重组这一挑战相比，领导者就要花费更多的时间乘飞机出差办事。

同样的道理也适用于在各个部门任命领导者上。你不仅仅在寻找一个合适人选，也是在寻找一个合适的解决方案。你需要一个能够取得你想看到的结果的人。在级别较低的部门，风险较小，所以你可以冒险，培养称职的人员。任命的职务级别越高，风险就越大。因此，你也就不太愿意冒着风险任用一位缺少相应工作经验，发展前途不明确的人。

以上所言对于你的领导事业发展具有重要意义。

管理自己的领导历程

仅仅培养宽泛的“领导”能力是不够的。你需要有工作专长，需要具备突出优势，使你总有发挥专长的机会。许多人力资源部门并不是遵循这样的工作思路。他们发现你的缺点后，便鼓励你努力加以改正。但是任何人都不会通过努力改正缺点而获得成功，只能通过发挥自己的优势而获得成功。幸运的是，领导工作需要整个团队的努力。你应该建立自己的团队，使其在你不擅长的方面支持你。如果你不喜欢记账，就要学会尊重记账员，因为他们替你解除了记账的恐惧感。

谨慎对待自己的成功

作为一名新员工，黛比分到了一个苦差事。她要为欧洲一家人寿保险公司采用新的IT系统制定工作方案。这项工作很重要，也很枯燥，她根本不想做。但是她一心想要给公司留下良好印象，于是便竭尽全力投入工作。到完成这个项目时，她因做出了突出贡献而受到了表扬。

随后不久，另一家欧洲人寿保险公司也需要一个采用新的 IT 系统的工作方案。黛比自然成为领导这项工作的不二人选。凭借从第一个工作方案当中积累的经验，她几乎只用了一半时间就取得了更好的工作效果。一位明星就此诞生。她当时已成为欧洲人寿保险公司 IT 系统工作方案领域的官方专家。只要客户有这方面的需求，他们总是第一个找到她。她成为众人追寻的行家里手。

成功也是一件坏事。她并不喜欢这样的工作，因为她不会从中获得晋升的机会，也没有丰富自己的阅历。最后她还是走进了职业发展的死胡同。

◎ 给领导者的教训

树立自己的名气

作为领导者，你需要有一套成熟的技能与经验，也需要树立自己的名气，被业内人士视为某一方面的顶尖能手。换句话说，你的工作经验应该既有广度，又有深度。

不断学习，不断发展

在实践中，你无法预测再过 20 年何种技能在公司里最重要，何种挑战会成为公司面临的大问题。所以，应该不断培养你认为一直需要的工作技能：削减成本，增加收入，提高经营效率，这些技能永远不会过时。即使你所掌握的技能在你效力的公司里算不上最受重视，也许在其他工作单位极受重视。如果你想要把握自己的命运，你的工作能力就远比你的雇主更重要。

◎ 结论

一旦误解了领导者的职责，你就会发现自己任命的领导者不合适（公司就此走向末路），或者积累的经验不合适（事业走向末路）。因此这个略微有些乏味的技术陷阱是非常危险的。5 个独角兽评分。

陷阱 9

我们知道领导者做什么（2）：你的领导历程

不断发展，不断学习，不断改变自己。

◎ 陷阱 9 的本质

领导工作是一种历程，不是目的地。没有任何一个“领导力”概念可让我们装瓶，贴上标签出售。在不同的环境中，领导力的内涵会有所不同。环境变化时，领导力的性质也随之发生变化。在你的职位得到晋升时尤其如此。

这一陷阱在大多数公司的评估与发展过程中得到了默认：你应该在不同级别的不同职务中发挥不同的作用。

◎ 为何这一点很重要

我们的职业生涯越来越不能依靠雇主。美国的平均工作年限已经下降到 4.2 年，[1] 这意味着大多数人在他们的职业生涯中会多次更换雇主。职业生涯日益成为一个动词，而不是名词。我们在职业生涯中担当不同的角色，而不是终生只干一样工作，效力于一个仁义的雇主。

如果我们必须管理好自己的领导历程，就值得拥有一份职业指南路线图，指引着我们奔向前方。谷歌公司虽然已经为地球上大多数地方绘制了地图，但是他们还没有绘制出可靠的领导指南路线图。任何人都没有绘制出这样的指南路线图。

下表是一份简化的典型领导历程路线图（参见表 9.1）。表中具体揭示出包括领导新手到高级领导几个阶段的领导历程中经常出现的几个重要变化：

· 时间范围有短也有长。作为一名新来的毕业生，你分配到的工作任务需要在数小时或数天之内完成。到你成为首席执行官的时候，你要提前几年策划今后的工作。

· 重要的工作技能包括专业技术技能、人事管理技能以及政治技能。在职业生涯刚开始起步时，你要学习一种技术技能，比如会计、法律、教学技能，或者制作文稿的技能。当你成为高层领导者时，你就要让其他人为你来做这些事情。

• 财务专业技能变得越来越重要。在职业生涯刚开始起步时，大多数人只有时间，没有预算方案。董事会一级的领导非常重视财务状况与有关情况介绍。

• 有的员工以你为敌，妨碍你的工作；有的员工则是你的盟友，对你的工作有帮助。

不能够学习发展的领导者会陷入困境，遇到无法突破的职业天花板。如果你想要在领导历程中不断前进，就应该坚持学习。

表 9.1 领导历程[2]

领导层次	管理自己：新员工	管理他人：第一线监管	管理几个团队	管理采用损益表的企业	管理一群企业
时间范围	一天或一周	一周或一个季度	一个季度或一年	一年以上	长期未来
主要任务	实践：工作质量，速度，专业技能，工作计划	管理：指导激励员工，绩效管理，分配任务	优化经营：提高工作效率	整合与改革	发挥领导作用
你重视的人	你本人	你的团队	其他部门	员工支持人员	外部的利益相关者
财务技能	对你不适用	成本管理	预算管理：协商与控制	损益管理：产生利润成本分摊	财会：税收，汇报
陷阱与挑战	醒悟：单调乏味的工作	不改变你的工作	不问权术	从冒充者综合征到骄傲自大	失去联络

◎ 给领导者的教训

各部门领导有一个应该遵守的简单原则：不断成长，不断学习，不断改变自己。无论你处于领导历程的哪个阶段，你都会发现你的工作环境在不断变化。这意味着你也必须不断改变自己。有三个事例可以解释这一点。

新手领导

第一次晋升常常是你的领导历程中迈出的最危险一步。如果新的毕业生工作表现优秀，随后就可以晋升。然后他们自然便要更多地做着同样一件事：一旦有了成功模式，就一定要坚持。再往后，毕业生被解雇了，原因不是他们无能，而是他们没有认识到情况发生了变化。

新的毕业生好像是被提升为教练的优秀足球运动员。责任增加了，并不意味着这位以前的优秀运动员必须更加努力踢球，把球踢得更好。他必须学会发挥新的作用。教练的工作不是亲自上场断球，漂亮传球，然后踢进所有的球。教练的工作是选拔培养合格的队员，制定正确战术。毕业生也面临着同样情况：他们不必再亲自去做所有的工作，而是要帮助团队有效地完成工作。新的领导者必须从询问“我该怎样做？”过渡到询问“谁会做这个？”，从“怎样”到“谁”，一切都改变了。

企业家型的领导者

典型的企业家似乎总是在车库、卧室里，或者有时在厨房的餐桌上白手起家，辛苦创业。这时你就会发现或增长一些新的才干，因为你必须是个多面手，什么都能干。你就是自己的私人助理、IT 技术支持人员、销售人员、产品开发团队、财务管理人员、记账员。当大多数公司里的那种支持系统使你得到所需的帮助，也使你受到限制时，你就会怀念起过去那些自己充当多面手的日子。

获得成功后，你可以招聘一些员工。这意味着你要将注意力集中在可以发挥最重要作用，开创新局面的职务上。你的工作环境正在发生变化，所以你也要改变自己。在公司发展的过程中，你的职务继续发挥着重要作用。但是许多企业家却很难适应这种变化，因为他们不想放弃对公司的直接控制权。在本该下放权力的工作方面，他们亲自进行干涉，致使团队士气受挫，有关负责人超负荷工作。他们成为那种典型的霸道企业家型领导者：“逆我者亡。”成功本身向他们证明自己是对的，失败则向他们证明不能信任别人。这样一来，公司不可避免地日益依赖他们，但这不利于持续发展。

即便你是公司的创始人，要想使公司获得持续发展，就必须不断学习提高自己，不断适应形势。

所有领导者

想想你喜欢的电影与音乐作品。当它们首次问世时，你的年龄有多大？许多人认为，十八九与二十岁出头是他们的黄金时代。早期的一切均已过时，从那时起出现的一切均不如人意。在文化上我们容易陷入自己的时间幻觉当中。就个人而言，这不是个问题；但是就职业而言，这却是个问题。我们必须培养良好心态，对新思想、新经验，对学习新事物抱着开明的态度。如果最好的一切只存在于过去，我们就无法不断前进。

◎ 结论

这一陷阱触及你的职业核心问题：领导工作是一种历程，不是目的。也就是说，你必须不断学习，不断提高自己，因为生存与成功的规则一直在发生变化。如果你认为领导工作是一种历程，不是目的，那你就对了。陷阱 9 的独角兽评分为 0。

陷阱 10

领导者会激励他们的追随者

领导者与追随者在认识上存在着巨大的实际差别。

◎ 陷阱 10 的本质

当你询问追随者们想从领导者那里得到什么时，有两个因素显得极为突出。优秀的领导者必须：

- 拥有愿景。
- 能够激励别人。

有利的一面是，领导者自己认识到这一点的重要性。更为有利的一面是，67% 的领导者认为他们善于激励别人；不利的一面是，只有 32% 的追随者表示赞同。[1] 领导者与追随者在认知上存在着巨大的实际差别。你也许认为自己善于激励别人，但是你的团队实际上怎样看呢？

“领导者会激励他们的追随者”在理论上是正确的，但是在实践上却大错特错。这是一个实践上的陷阱，但却不是理论上的陷阱。

◎ 为何这一点很重要

领导工作的性质已经发生了变化。在过去，领导者希望自己的团队服从指挥。他们有权强制下属服从指挥。鉴于大多数工作是普通工作，易于估量，只要服从指挥就可以。但是如今工作性质变了，迫使领导者也随之改变自己的工作方式。工作变得比以前含混得多：能称之为“好”的报告或会议是什么样的？在每一项工作上应该花费多少时间和精力？专业工作，就其性质而言，本来就具有含混的特点。各专业的发展意味着生产率变得更加重要。但是如何去衡量顾问人员、心理治疗医生，或者卫生与安全人员的工作产量呢？这不同于在生产线上衡量产品的质量与数量。

在这个工作新世界里，只要求下属服从指挥还不够。你需要自己的团队真心实意在工作中干出超过“足够好”的质量。时间与成本压力意味着确实存在着非常忙碌紧张的工作情况，领导者因此必须依靠自己的团队进一步努力完成任务。

显然，激励力量并不仅仅来自于领导者，也来自其他环节：

• 内部激励。每一个团队成员必须找到自己的激励力量来源。大多数专业人士以自己的工作为荣，都想取得好成绩。我们最终都会为自己与自己的情感负责。如果感觉好坏全要依赖他人，这就是一种受害者的心态。

• 工作结构。如何有效地安排工作，使人们有更大的成就感，这方面的文献比比皆是。一般来说，工作中的自主权与变化越多，就越能够激发出人们的工作积极性。

• 奖励制度。这里花样繁多。正式奖励可以鼓励人们完成工作任务，必要时可以赌输赢。完成任务与受到激励去做好工作是两个不同概念。

• 组织文化。领导者可以影响组织文化，但是很少控制组织文化。企事业单位有自己独特的生活与文化。文职人员与核工程师无疑对风险非常反感。要求他们去创业既危险，又不合适，就像让一头花豹改变身上的斑点一样。

显然，领导者可以影响公司与团队的组织文化、工作结构与奖励制度。但是领导者在激励团队士气方面也要发挥巨大的直接作用。盖洛普研究[2]表明，员工积极性 70% 的方差同老板的水平高低有关。盖洛普研究将工作积极性确定为对工作保有热情，努力肯干，同整天无动于衷、浑浑噩噩形成鲜明对比。一个团队要想表现出色，就必须积极工作，而领导者必须发挥重要的促进作用。上述盖洛普研究还表明，大约 50% 的员工离职是员工想要离开老板而引发的。作为领导者，你对于自己的团队有着积极或消极的巨大影响。

◎ 给领导者的教训

说领导者要能够激励别人是一回事，知道如何激励别人则是另一回事。

有利的一面是，你不必像个情绪煽动者那样要在公司大会上发表鼓舞人心的主题演讲。上述盖洛普研究还清楚地说明领导者可以如何有效地激励自己的团队。其中并不涉及高深的知识。以下便是你可以做到的几个方面：

树立明确的期望

这并不是要告诉人们应该怎样做。期望其实是双方的心愿。你需要倾听、理解每一位团队成员。为此用不着举行正式会议相互倾诉各自的期望，只需经常开展较长时间的交谈，发现每个下属的由衷希望与忧虑。

要怀有愿景

愿景本身就有激励作用，尤其当每个团队成员看到他们在现实未来目标上均应发挥重要作用时。但是仅仅树立目标还不够。你必须抽出时间对具体情况进行解释：为何愿景非常重要？对谁重要？主要的风险与机遇是什么？只有在那时，每个团队成员才能够充分认识到自己应该怎样做。

树立明确目标

“到这个时候把这份报告写出来……”这样说还不够。关于发展前景，必须说清楚具体情况。你还要使团队成员树立自己的努力目标。让他们影响自己的目标，你不仅可以激励他们，还可以增强目标的责任与权力。

开展更多沟通交流

作家乔治·奥威尔曾经写道：“如果想看清眼前的东西，你需要不停地奋斗。”[3]沟通交流虽然是合情合理的，但却需要进行不断地奋斗，因为领导者平时都陷入了同日常领导难题做斗争的过程，无暇开展沟通交流。沟通交流的一个重要环节是经常性地反馈。谁也不想等到年底才发现自己究竟干得怎么样。关键是沟通交流要多听少说。

抱着积极的态度

谁也不喜欢为一个爱抱怨的人工作。抱着积极的态度，就意味着重点关注他们的优点而不是缺点；主要看今后能够做什么，而不是过去做错了什么；努力发现值得表扬之处，而不是应该批评的方面。抱着积极的态度意味着你更加平易近人，这使你能更好地同别人开展沟通交流。

最后有一句话能够准确无误地体现出你的下属是否认为你是一位好老板：

我的老板关心我和我的事业。（同意／不同意）

凡是认为老板关心他们与他们的事业的下属，几乎在其他方面对老板的评价也很高；凡是在这方面得分低的老板，在其他方面得分也低。要想表明你真的关心下属，这需要时间和努力。这种时间上的投资，终会得到丰厚的回报。

◎ 结论

领导者应该激励自己的追随者，所以这不是一个陷阱。然而领导者通常却未能做到有效地激励追随者。这一陷阱存在于实践中（即使理论上并不存在）。由于这是实际情况，因此理论上得不到独角兽评分。在实践中它得到 4 个独角兽评分，因为许多领导者都不能有效地激励别人。我们由此做出妥协，给出 2 个独角兽评分。

陷阱 11

领导者都善于沟通交流

我们的沟通交流比以前多了，但是相互之间仍像以前那样缺少理解。

◎ 陷阱 11 的本质

民主在古希腊的诞生也伴随着修辞术的问世。如果你渴望在民主社会发挥领导作用，就必须掌握说服人的技能。著名演讲家变得很有影响力。据说，即使苏格拉底输掉了摔跤比赛，他也会站起来说服观众，让他们相信他是实际上的获胜者。在那个年代，领导者所受的教育包括智育和体育两个方面，因为被专制统治者包围着的小型民主社会认为，必须为了生存进行战斗。

自那时起，人们便认为领导者应该善于沟通交流。但实际情况并非如此。大多数领导者都不善于沟通交流，许多商界领导者的沟通交流能力很差。因说错话而丧命，如同被子弹打死一样凄惨。

◎ 为何这一点很重要

技术进步意味着我们的沟通交流比以前多了，但是相互之间仍像以前那样缺少理解。

技术提高了沟通交流的效率，但是并没有优化沟通交流的效果。更多未必就更好。不断变化的技术与组织，意味着领导者需要改变其沟通交流的方式。领导者从前在沟通交流方面便显得并不足够出色，如今更加捉襟见肘。开展沟通交流有三个主要原因：

为管理开展沟通交流

这是等级社会里传统的商务沟通交流形式：指令上传下达，信息逐级传递到高层。保持指令与信息的完整性非常重要。从前这要依靠勤奋的中层管理人员，而如今则依靠良好的 IT 系统。以往间接的沟通交流，如今可以变成直接的，因此非常强调具有良好的沟通交流能力。

为说服别人开展沟通交流

领导者正是从这里走向未来。沟通交流的艺术，就是古希腊民主社会的说服艺术。在传统等级结构逐渐解体的公司里，它也是沟通交流的未来发展方向。受过良好教育的员工期望更多地参与沟通交流，矩阵式组织意味着你不再控制成功所需的全部资源。换句话说，你不能再依靠权力开展工作，你必须依靠说服的力量。

为了解情况开展沟通交流

沟通交流历来被视为想方设法尽可能有效地表达旨意的途径。这又将我们带回到对领导力的传统看法上去：领导者掌握着所有答案，沟通交流就是要传达领导者的旨意。但是如今沟通交流就好像一条双向街道。工作如此复杂，变化如此迅速，你不可能掌握所有的情况。为了解情况，你需要洗耳恭听。

◎ 给领导者的教训

多倾听

高效率的领导者与销售人员有一个共同特点：他们全都长着两只耳朵、一张嘴，而且听的多，说的少。担任领导工作并不是能说会道就行。首先要了解情况，多听少说，两者的比率至少为2∶1。不妨仔细观察有高层领导出席的会议情况：高层领导常常说话不多，只是提出一两个尖锐的问题。他们正在了解情况。当他们发言时，就会引起高度重视，因为他们讲得很少。

善于倾听同善于讲话一样都是一种艺术。一个善于倾听的人知道，提出聪明的问题胜过给出聪明的答案。要想成为一个善于倾听的人，首先应该学习复述的艺术。当你听到别人说了什么时，用自己的话向他们重复一遍。这样做可以一举多得：

- 有助于你了解他们的立场，又不必表示赞同。只有当你了解他们在想什么的时候，你才能影响他们的想法。
- 有助于你记住他们说过的话。
- 如果有什么误解，你会很快察觉并加以处理。
- 能让讲话者闭嘴。人们常常反复说明同一观点，因为他们担心别人没有听到。当你将他们的观点向他们复述时，他们就有了信心，认为别人理解了自己，然后就会再讲一些别的内容。

少即是多

贬值的规律也适用于话语。你讲得越多，你的话语就越没有价值。如果讲话不多，那么你讲的每一个词都很有分量，很有价值。

词语的价值

非洲富拉尼部落[1]的一位长老在茅草屋外面坐下来，思索了片刻，然后便开口讲话。他轻言轻语地说道：

词语就像是神。词语在人们的心中创造出一个又一个完整的新世界。词语能使人们行动起来，改变事物。所以我们应该珍惜每一个词语。我们应该像石匠那样雕刻每一句话，像银匠那样打磨每一个词语。

说完，他又陷入了沉默。

你能使每一个词语都很有分量吗？

选择适当的媒介

良好的沟通交流同高度信任互为表里。我们同自己信任的人在沟通交流时更加坦诚。信任只有面对面才能够建立起来。技术手段有助于事务型沟通交流，但是你决不能通过发送电子邮件建立信任或者激励人们。

电子邮件是当代商务的祸害。它浪费着白天的时间，不断地分散人们的注意力，是一种低劣的沟通交流形式。它有利于留下电子语音信息，证明你正确，别人有错；有利于复制每个人的留言，以防万一。电子邮件混淆了效率与有效之间的差异。它是一种传播信息的快捷形式，但却不是有效形式。有两种沟通交流形式比电子邮件有效得多：

1. 打电话（视频通话）。这是实时通话，可使双方相互适应，找到共同点。如果有异议，一听对方的说话语气便可直接或间接地迅速察觉到这一点。

2. 当面说清。走到对方的办公桌前当面说清楚，这是一种最为有效的沟通交流形式，即使效率也最低。你可以发现所有的非语言信息，看到对方有何反应；你还可以有效地避免误解，取得对方信任，迅速达成共识，采取行动。

做好演讲

即使没有受过语言修辞方面的专业训练，领导者也必须经常向大大小小的人群发表演讲。不必雇用专业的演讲稿撰写人也能做好演讲。有效的演讲能够把观点表达得一清二楚，任何多余的话都会削弱中心旨意。然后重点关注如何开展演讲。记住下面以三个大写字母“E”表示的法则会提高演讲的实际效果：

• 热情（Enthusiasm）：如果你本人缺乏热情，就不要期望别人对你表现出热情。你的热情比演讲内容更能让听众记住你。因此应该以你希望被听众铭记的方式开展演讲。

• 经验（Experience）：越是经常演讲，就越会表现从容。但是你必须从每次演讲中有所收获，同样的错误犯 30 次没有任何意义。经验还意味着演练与精心准备。

• 专业知识（Expertise）：如果有人邀请你发表演讲，那是因为他们认为你懂得某一方面的专业知识。

写好演讲稿

我们任何人都不敢奢望能够达到莎士比亚的高度，或者是好莱坞编剧的水平。但是我们只要恪守几条简单的规则，便可以提高演讲稿的写作水平。下面是我的编辑一直用于指导我的五条写作规则。只要始终遵循这些规则，你就会被视为一位高效的作者：

• 为读者写作。你想让他们接受什么观点？他们希望从你那里了解到什么情况？一定要写得切题，不脱离实际，使人感动。

• 讲一个故事。你想表达的主旨需要有一个简单的故事：先说挑战，再说选择，最后是解决结果。应该使读者读起来轻松。

• 要写得简短。短小的语句有助于表达清晰。

• 语气要积极向上。避免采用被动句以及没有人情味的写法。

• 以事实支持观点。如果你认为某一点重要、迫切或者具有战略意义，那只是你个人的观点。要明确解释为何重要、迫切或者具有战略意义。

以上各条简单规则要是一贯遵循的话难度很大。

◎ 结论

在理想的世界里，领导者都是善于沟通交流的人；在理想的世界里，没有饥荒，没有战争或疾病。但是我们并没有生活在理想的世界里。实际上许多领导者并不善于沟通交流，这妨碍他们发挥领导作用。理论上这个陷阱不应该得到独角兽评分（因为没有错误），但实际上这个陷阱应该得到 5 个独角兽评分。明显的妥协结果是得到 3 个独角兽评分。

陷阱 12

领导者必须坚决果断

不了解问题，就不会找到答案。

◎ 陷阱 12 的本质

坚决果断的领导者使人想起发号施令、率领军队走向胜利的那些马背上的将军。我们从来没有见过骑马逃跑的败将画像。20 世纪 50 年代的领导者照片反映出的都是坚决果断的领导者形象：他们手持电话，正准备向倒霉的中层管理人员大声吼叫着发号施令。

我们希望领导者都是坚决果断的人。追随者们对于领导者的五大期望之一就是坚决果断，否则便是噩梦。如果领导者优柔寡断，那么整个团队必须花费一半的时间来揣摩领导者要干什么，另一半的时间将用来在领导者变卦后返工纠错。行事果断则目标明确，精力集中，整个团队会如愿以偿。

坚决果断胜过优柔寡断。

◎ 为何这一点很重要

坚决果断是伟人领导力理论中的一项内容（参见陷阱 37）。只有伟人才能得到信任去做出正确的决策，所以一切权力都回到了骑着白马统率军队的将军手里。这是一个领导者与追随者欣然赞同的陷阱，而结果却大相径庭。

领导者常常想成为白马将军。在团队中领导者最信任他们自己，因此他们在做重大决策的时候心安理得。团队也乐于将工作推给上司，一旦出错，自己不负任何责任。以此来看，与其说是一种美德，倒不如说是一种缺点，因为它表明：

- 领导者对团队缺乏信任，不想将做决策的任务分配下去。
- 团队将做决策的任务推给上司，自己不想承担责任。

也有其他做法。在日本，领导者常常发出一些非常含糊，有时是明显自相矛盾的指示，比如“我们需要提高利润率，增加市场份额”。有时这是因为管理人员无能，不知道该干什么。但这常常是一位优秀领导者深思熟虑做出的决策。他们知道，在日本那样一个等级森严的社会里，如果他们下达指示，团队就会不折不扣地加以执行：团队不会斟酌决定权。由此看来，找到最佳解决方案的最佳途径不是下达具体的指示，而是先确定大体上的工作重点。这就给团队留下了寻找最佳方案的自由余地。

卓越的领导者不需要骑白马，也不需要去做所有的决策。

◎ 给领导者的教训

领导者必须具有做决策的能力，因为你别无选择。真正重要的决策往往都有很大风险以及很大的不确定性。领导者面临的陷阱是将决策看成是有着“对”与“错”方案的智力操练过程。在解答学校的清晰考题时也许有对与错的解法，但是生意上的最大挑战常常是认清哪些问题需要提出，哪些问题可以忽略不计。不了解问题，就不会找到答案。

即使你找到了正确的“考题”，其解法也不仅仅是运用智力。企事业单位都是由很多人组成的，这就涉及权力关系。良好的决策合情合理，能顾及各种权力关系。

只有引起行动的决策才算是明智的决策。在讲究要求与控制的旧世界里，那意味着发号施令。在当今世界，那意味着公平的决策过程。明智的决策必须得到人们的接受和承认，并根据这一决策采取行动。对于领导者来说，具有普遍借鉴意义的就是努力使做出的决策合情合理，能顾及各种权力关系。

在情况不确定时做出合情合理的决策

以下是几个做决策的原则：

• 识别模式。具备商业头脑就是要识别简单的模式。你应该是自己本行里的专家，应该识别出各种模式，并且能够相应地做出明智决策。如果你本人识别不出模式，可以找行家向他们请教。

• 遵循明确的策略与价值观。在情况不明朗，掌握的数据很有限的时候，如何进行选择呢？此时，明确的策略与价值观则可以引导你走向正确的方向。策略与价值观也许不会告诉你应该做什么，但是却可以告诉你不应该做什么。这一点非常重要。

• 数据说明了什么问题？在这方面，你可以运用正式的决策方法权衡每一个行动方案的利与弊。循证决策胜于猜测。但是对于许多领导者来说，循证决策就是“替我寻找证据支持我的决策”的代名词。领导者运用数据的方式，就像是醉汉利用路灯柱一样：目的是支撑自己，不是为了看得更清楚。

• 这一决策对谁很重要？你做出的决策对于不同的利益相关者会产生不同影响。应该以他们的眼光看待决策，了解什么样的选择不会奏效，而且还会遭到很大抵制。要找出那些最有可能获得支持的解决方案。你不会希望一个很聪明的决策刚一接触到政治现实，就立刻败下阵来，毫无价值。

• 以行动为导向。正式的决策工具，比如贝叶斯分析方法、心智导图、鱼骨图或优势与劣势、强弱危机分析均会有所帮助，但是也可能成为无所作为的借口：“分析瘫痪”。分析面对的问题是：总有另一个事实需要发现，总有另一次分析需要开展。在一个并不完美、不断变化的世界里，根本不存在完美的解决方案：完美即是“做好”的死敌。你必须在某一时刻当机立断。

顾及政治关系的决策：公平程序

有效的决策就是促成行动的决策。这要求公平地进行决策。你必须让你的团队以及其他利益相关者适当参与进来。如果可行的话，就将决策工作分配下去。你可以像日本人那样先确定大体上的工作重点，然后让团队自己决定如何完成工作任务。这时你也是在分配决策的责任与权力。结果你会拥有一个努力将构想变成现实的团队。人们很少同自己的构想较劲，所以就让他们坚持己见吧。

即使无法将做决策的任务分配下去，公平程序仍然重要。你至少可以在做决策之前咨询你的团队或其他人。这个过程在日文中被称为“根回”（nemawashi），意思是私下里逐一咨询，达成共识。私下里，所有能产生影响的人物与利益相关者都会开诚布公，畅所欲言。你可以协调他们的意见，争取得到他们心照不宣的支持。在接下来举行的会议上并不是要做出决策，而是要公开确认私下里达成的共识：这是一个承诺支持过程，不是决策过程。这个过程具有很大的政治色彩：欢迎来到现实世界。

在对决策进行解说时，公平程序要求的不仅仅是决策本身。为了使团队能够适当地理解决策，他们需要全面掌握有关情况：为何做出这一决策，有哪些可选择的替代方案，其中的利与弊是什么。仅仅对决策进行解说还不够，你还要努力“推销”决策。

◎ 结论

领导者需要坚决果断，因此这一陷阱按理来说不应该获得独角兽评分。但实际上它确实获得一个独角兽评分，因为过于坚决果断的领导者都有很强的控制欲，这本身并不构成领导力。另外它还获得第二个独角兽评分，因为在实际情况不确定时做出决策，并且使决策在组织中贯彻执行，这很有难度，不易成功。总共是 2 个独角兽评分。

陷阱 | 3

领导者需要制定明确目标

明确的目标如果没有成为共同目标，就毫无意义。

◎ 陷阱 13 的本质

这一陷阱实属自明之理。所有领导者都要定目标，指示方向，否则他们就没有机会率领人们去实现仅靠他们自己无法实现的目标。

可以结案了。

稍停片刻，然后将这一案例材料放到一号文件盒——废纸篓里。一开始显得合乎情理的事物，经仔细分析后，未必总是合乎情理。这就好比一个人常常经历的那样：晚上在酒吧里忽然想出了一个好主意，但是在第二天早晨醒来后却发现，这个主意并没有起初那么好。

这个明显的老生常谈有两个致命缺陷：

第一个小问题是它没有将领导者同管理人员区分开来。领导者与管理人员都要制定目标，指示方向。教师、监察员与体育教练也要制定目标，指示方向。他们也许专业水平很高，对自己的工作得心应手，但是这未必能使他们成为领导者。制定目标和指示方向是领导力的构成要素，但却不能代表领导力的核心特点。就像呼吸空气是必不可少的，但却不足以使人发挥领导作用，不足以将领导者同其他人区分开来。

第二个大问题是领导者并不非常善于制定目标，指示方向。全球化团队工作效率研究结果表明，他们在信任，沟通交流与文化方面常常面临着重大挑战。但是 65% 的团队成员表示，树立目标是个难题。[1] 这一发现令人感到惊讶。树立目标是管理学上的重点项目：那些抱有雄心大志，足迹踏遍世界各地的领导者怎么会如此不善于制定工作目标呢？

同有关领导力的许多其他陷阱一样，领导力的实践环节同理论环节常常难以保持一致。这并不是说领导者都是蠢人，只是表明领导工作难度极大。不仅对于领导者，就是对于顶尖的体育教练与音乐家而言也是这样。虽然我们都能踢足球，但是在快速跑动并面临着对手极大压力的情况下，要想稳固控球，精准地传球射门谈何容易。看上去简单的事情，做起来难度可能很大。制定目标也是如此。

◎ 为何这一点很重要

如果领导者在有效制定目标、指示方向上有困难，那么他们就不能很好地发挥领导作用。在这方面具备良好能力，对于成为一个成功的领导者非常重要。

◎ 给领导者的教训

过程很重要

领导者常常错误地认为，制定目标就是提出明确的目标。这只是问题的一半。明确的目标如果没有成为共同目标，就毫无意义。你的团队必须拥有共同目标。领导者要花费很多时间思考目标，琢磨如何确定目标范围，因为确定正确目标本身很有难度。他们常常期望自己的团队或公司在听完 40 分钟的演讲后，充分理解需要花费数月时间才取得的思考结果。这种事情永远不会发生。

如果你想让你的团队认可你制定的目标，就必须带着他们一起行动。这样做的最佳途径是一开始便让他们参与制定目标。如果你的团队认为工作目标是他们想出来的，他们就会努力去实现目标，人们不会同自己的构想较劲。如果一开始他们就参与制定目标，他们就会了解具体情况、思考过程以及权衡结果。他们也会懂得如何在不明朗的形势下开展行动。

从一开始就让团队参与进来是理想选择，但是并不总是切实可行。也就是说，过后你必须投入很多时间和精力宣传解释自己的想法。形势好转两年后，有位首席执行官说道：“想想该怎么做并不难，这只占去我 5% 的时间。我用 35% 的时间制定计划，用 60% 的时间反复宣传解释工作计划。我没想到花费了这么长时间。”领导人们实现仅凭他们自己无法实现的目标，意味着你必须说服团队，不断说服团队。

具体情况很重要

谈及工作目标时，领导者常常重点关注何事、何人、何时以及何处这些问题。然后他们再根据需要，详细解释“如何”的问题。容易忘记，但却最重要的问题是“为何”的问题。你的团队不仅仅想要了解工作目标，也想了解同工作目标相关的情况：为何你选择这个目标，其他选择又是什么？权衡的结果是什么，应该如何处理？只有你适当地管理了制定目标的程序，他们才能理解相关情况。

处理好权衡问题

拥有一艘船的两个最佳时刻是买船的那天与卖船的那天。制定目标也是如此：最好的两天是制定目标的那天与实现目标的那天。中间那些日子都是在奋斗中度过的。制定目标那天你胸有成竹，满怀希望。第二天就要面对现实。你会面临三个挑战：

牺牲

当你想要得到一种益处时，其他益处往往会离你而去。重视利润率，客户服务就会受损。重视效率会丧失灵活性。努力减少风险则会影响创新。没有免费的午餐。勇敢的领导者随时会做出这些牺牲。能力较差的领导者想要全面兼顾，好让自己什么益处都得到一点。这是良好的管理方法，却不是良好的领导方法。

耍手腕

有利的一面是，每个人都想实现你制定的目标。不利的一面是，为了实现目标他们会耍一些手腕。耍手腕这种现象不仅仅体育界有，比如服用禁药、职业犯规。各行各业都存在着耍手腕的现象。在教育界，政府不断制定出新的目标，即使那些最值得信任的教师也会欺骗上级组织。例如，要求所有 16 岁的学生都具有合格的算术与读写能力，这并没有错。为此，学校是这样安排教学的：

• 缩小课程范围，将教学重点放在算术与读写能力培养上。放弃一些重要教学内容，比如就业技能、体育、音乐与喜剧课程。所有其他学术性科目教学也都受到了挤压。

• 将徘徊在及格与不及格边缘的学生列为重点教学对象。忽略那些成绩好的学生，因为他们可以关照自己；也忽略那些差生，因为他们肯定考不及格。

•实行应试教学。重点训练学生的答题技巧，同提高学生的算术与读写能力相脱节。枯燥的应式训练让学生永远受不到正规教育。

上述措施有助于使学校取得像样的考试成绩，但付出的代价是学生受不到良好的教育。耍手腕的事常有，需要加强管理。

竞争与团队工作

在集体目标与个人目标之间确实存在着紧张关系。它触及的重要问题是：你的团队究竟有多大的凝聚力？或者说你的团队成员是否都以个人目标为重？它还触及问责与合作挑战这样重要的问题。集体目标有利于合作，但是不利于个人问责。个人目标鼓励每个人为自己打算，但无法开展合作。不存在任何神奇的答案。应该认识到，只有在应对某些挑战时你的领导团队才是个团队；而在应对另外一些挑战时，你的团队就是一些个体成员。要认清楚彼此的特点，制定相应的工作目标。

◎ 结论

这个问题反复出现：理论是一种自明之理（得不到独角兽评分），但是领导工作的实际情况却与这一理论不符（获得5个独角兽评分）。每种情况的结果都是一样：3个独角兽评分。

陷阱 | 4

卓越领导者可以建立卓越团队

团队也像公司一样，会不断地滑向混乱状态。

◎ 陷阱14的本质

这是另一个同伟人领导力理论针锋相对的现代陷阱。它在反对伟人理论过程中的盟友是分布式领导力理论（参见陷阱40）。如果领导力不再关系到孤独的英雄，那么你自然便需要一个卓越团队来取得卓越成绩。

◎ 为何这一点很重要

如果你不是伟人，你就需要一个卓越团队来取得卓越成绩。你的工作能力存在于团队能力之中，不仅仅取决于你的个人能力与才华。许多高级管理人员直到事业晚期才发现这一惨痛教训。他们在公司开展工作的过程中已经习惯了体现出权力标志。在实际意义以及象征意义上，房门为他们敞开着。他们很容易接触到决策者。当你相信只有走到飞机门前才能向左拐时，这就是骄傲自大的表现。

接下来高级管理人员要为年青一代让位了。他们突然发现，无论在实际意义上，还是在象征意义上，房门不再为他们敞开，在飞机门前往右拐也不会丧命。决策者们不再回复你的电话，你也没有要追问的人了。接着又发现一个可怕的事实：人们同你交谈不是因为你本人是谁，而是因为你代表谁的缘故。团队与公司的价值就在这里：任何领导者有多优秀，取决于他们的追随者有多优秀。离开追随者，你既无法发挥领导作用，也没有任何权力。

◎ 给领导者的教训

从理论上讲，卓越领导者需要卓越的团队。在实践中，领导者常常不易建立起能够实现集体抱负的团队。

你接管的团队不是未来你需要的团队

新任领导者常常彻底调整他们的团队。这样做的原因有三个：

• 掌控局面。调整团队常常既是一种理性行为，也是一种政治行为。以这种方式可以铲除玩弄权术与干扰工作的人，任用自己信得过的可靠员工。这表明你随时准备调动人员，做出艰难决策。

• 提高绩效。你接管的团队也许已经找到了自己的舒适区，可以不必苦干便可以做得不错。

• 确定新的方向。接管的团队原来应对的是从前的挑战，即前任主管未处理完的问题。如果你想要率领人们实现他们自己不能实现的目标，你就需要制订新的明确计划。新的计划意味着你可能需要掌握新技能，需要在团队人员构成方面重新进行调整。

另一种做法是保留接管的原有团队。原有团队保留时间越长，你就越是默认其原有计划、原有成员以及原有工作方式。你让原有团队继续存在的时间越长，就越难证明调整重组的必要性。迅速调整必见成效。

不断保持团队的新鲜活力

团队也像公司一样，会不断地滑向混乱状态。团队成员辞职的原因有好也有坏：为了去别处追求自己的抱负，多赚些钱，或者身体有病，能力不足，感觉压力大，或者为了更好地兼顾工作与生活。团队的自然起伏跌宕反映在事件的起伏跌宕上。各种事情总会发生。昨天的挑战与工作重点不会与明天相同。技术、竞争、客户与规则带来的外在压力迫使我们改变自己。另外我们还要应对那些由新的举措产生的内部压力。团队就像牛奶一样，也会很快腐败变质。应该经常保持团队的新鲜活力。

同能力相比，领导者更重视忠诚

大多数领导者都不理解这一点。有人说过："大多数过错可以被原谅，但是不忠诚除外。"说得对。同公众眼里的老板形象相反，大多数老板宽容大度，而且理由充分：替换团队成员要花费时间和精力，这样做有风险。替补上来的人不能保证干得更好。忠诚的团队成员最不应该被解雇，但是如果你非常无能的话，那就自身难保了。为老板效力时记住这一点很有益：公开表现出忠诚对你没坏处，但是若在关键时刻不支持老板，则不利于你的事业发展。作为领导者，你需要有效处理"渴望员工忠诚"与"需要继续取得良好业绩"之间的关系。

招聘时要看价值观，不仅仅重视技能

有关研究一贯表明，同最初的技能相比，价值观与态度更能体现出取得工作成绩的前景。[1] 例如，美国大都会人寿保险公司曾经决定测试一下新招聘的人寿保险销售人员的工作技能与乐观态度。在测试中，这家公司决定招聘那些技能测试不及格，但是乐观态度测试得分高的应聘者：那些不熟练的乐观主义者的销售额平均超过熟练的新聘员工达 70%。你可以传授技能，却无法传授乐观态度或价值观。你的团队也需要技能，但是没有价值观指导的技能则可能造成重大损失。有位领导者说过：“我发现我总是凭技能招聘员工，因价值观而解聘员工。”

修鞋店根据价值观招聘员工

廷普森是英国一家大型修鞋连锁公司。修鞋本身谈不上有什么吸引力。修鞋店往往只有巴掌大的地方，工资也不高。但是这些工人肩负的责任却很大：经营整个店铺，还必须会修鞋、会在奖品上刻字、做一些小店铺里要做的各种杂事。你怎样找到合适的员工使修鞋店的生意获得成功呢?

最初，廷普森公司雇用了一批修鞋匠。既然想修鞋，就需要修鞋匠。还有哪里可能出错吗?

什么都可能出错。修鞋匠并不总是具备高超的客户管理技能或商业经营技能。而廷普森修鞋店全都涉及客户管理和经营管理。但是除非支付不划算的高薪，否则不可能找到一个具备所有这些技能的员工。

廷普森资方认识到，你可以培训技能，但是无法培训价值观。于是他们便开始根据价值观来招聘员工。为此，他们用一页“奇先生”漫画替代了往常的评估形式。一方面是拥有一些优点的奇先生，比如诚实、忍心、助人；另一方面是有一些缺点的奇先生，比如撒谎、懒惰、脾气暴躁。修鞋店经理用笔圈上同每个应聘者最相似的奇先生。缺点明显的应聘者遭到拒绝，无论他们有多大本事。这一做法果然奏效。当他们招聘一些女员工时，这一做法的效果更加明显。

◎ 结论

卓越领导者建立卓越的团队，这在理论上是正确的，但是在实践中却很少见。大多数领导者在建立梦想团队方面表现得更好。同所有理论上正确，但实践中行不通的陷阱一样，陷阱 14 获得 3 个独角兽评分。

陷阱 | 5

领导者能够全面了解当前的情况

你获得的信息同过去有关，但你需要了解的是有关未来发展的情况。

◎ 陷阱 15 的本质

如果你不知道当前身在何处，就不可能知道该向何处去。领导者必须了解当前形势，但是他们永远不会了解正在发生的所有事情。

领导者同政府部门与企业一样，总想更多地了解一些情况，永不满足。多年来，独裁者们一直采用各种手段刺探谁在做什么，哪里在搞什么真实或想象出来的通敌活动。如今，我们透露出的有关自己所作所为的信息，多得远远超出过去任何一位独裁者的想象。同亲人们相比，企业对我们可能了解得更多。

在超信息时代，领导者应该能够准确地了解正在发生的事情。实际上，领导者已经掌握的信息同他们想要了解的情况并不一致。信息同过去有关，而领导者需要了解未来的发展趋势。否则，他们便需要获得一些能够使他们走向美好未来的信息。但是，依靠过时的信息走向未来，这样做后患无穷。

◎ 为何这一点很重要

信任与控制权

常言道，知识就是力量。与此相对，如今信息就是控制权。领导者都要控制局面，所以他们需要获得信息。如果说控制权越大就越好，那便意味着应该获得更多信息。或者换个说法，掌握的信息越多，领导者的控制权就越大。由此看来，人们掌握更多信息的愿望也更强。实际情况是这样吗？

信任同控制权与信息量成反比。我们需要掌握的控制权与信息越多，我们对团队的信任就越小。这是领导者面临的困境。员工的专业水平与受教育程度越高，越希望得到更多信任。但是大量的超信息是一种诱惑，领导者大多难以抵制。

领导者面临的挑战是了解自己真正需要什么样的信息，在多大程度上可以避免依靠微观信息进行微观管理。

◎ 给领导者的教训

将信息与情报区分开来

你获得的信息同过去有关，你需要的是有关未来发展的情况。我们全都希望了解未来：那是一个下赌发财的捷径。

由于无法预知未来，所以就需要采用一种不必通过看茶叶或扔鸡骨头占卜的选择方案。作为领导者，你需要实施几个能够影响、改变未来的工作项目。为了这些项目，你需要掌握一些可以迅速促成行动的有效信息。

启动信息与报告系统的最佳方式是准备好一张空白纸。然后按着预算、人员、客户／市场与项目等标题，在纸上写下你很想知道的具体内容，逐渐将其填满。有可能你掌握的大多数信息都不适用，大约有一半你想获得的信息暂时无处可寻。但至少你已经将此前“未知的未知”变成了“已知的未知”。[1]

为了搜集情报，你需要处理好正式与非正式信息系统之间的关系。大多数领导者对于正式报告不太信任，因为在这种报告中证据被用于支持立场，而不是用于说明真相。你必须亲自去同客户见面，同基层人员见面，进而形成自己对实际情况的看法。但是也不要被你看到的情况所蒙蔽：要合理对待你亲眼看到的情况以及你从信息系统中了解到的情况。两者都不完美，但是合在一起却使你更有可能控制重要因素，成功地塑造未来。

抓住工作重点

老式的手表有 3 根指针：时针、分针和秒针。一线员工看时针，因为他们干的是眼前的工作；管理人员看秒针和分针，分针关系到他们必须策划、执行的短期目标与举措；领导者要看全部表针，时针关系到团队与公司的长期发展方向。

作为领导者，你需要获得这 3 根指针代表的全部情况的有关信息。如果秒针走得不畅，分针和时针就走不动了。大多数企业的报告系统将重点放在秒针上。尽管这样可以产生大量数据，但是有用的数据不多。其作用主要体现在管理风险上：告诉你出现了什么故障，使你能够按特殊情况进行干预处理。

你可以同样按着手表的计时模式管理信息。秒针产生的大量信息，可成为将你吸进去的黑洞：一组数据需要另一组数据来解释，根本逃脱不掉。应该避免被吸进去。要在出现意外情况时运用这些数据：只有当这些数据表明情况严重异常时你才需要进行干预。“严重”一词是关键，如果情况不严重，可将任务分配下去，委托你的团队负责处理。

你越是放下微观信息管理，就越会信任自己的团队。这样你便可将时间集中用在建设未来上。最后你必须认识到，你无法了解并控制一切。你也没有必要这样做。但是对于领导者来说，最难做的事情就是放手让下属做事。

尊重不同的观点

作为领导者，你可以站在山顶上看世界，远处景象尽收眼底。但是千万不要忘记山脚下是怎样一番景象。在农家院里，你可以看到小鸡跑来跑去，孩子们在街上玩耍。这种景象在山顶上是看不到的。你的报告系统也许可以告诉你有多少小鸡和孩子，但是不会告诉你农家院里是怎样一番景象。

你必须缩小山顶与山脚两者之间的差距。要从山顶下来了解实际发生的情况，同人们近距离谈话交流。这样你会发现报告系统永远不会向你揭示的一些情况：人们有什么想法？他们眼中的挑战与机遇是什么？他们在执行你的计划时遇到了什么障碍？

在过去，中层管理人员就等于是你的夏尔巴人向导：他们将你的指令传到山脚下，又将山脚下出现的情况传给你。这意味着高层管理人员常常远离基层，被束缚在高管办公处，享用着高管餐厅、高管洗手间和高管停车场。为了提高工作实效，你必须充当自己的向导。也就是说，不仅要亲自看到山脚景象，还要从山顶上解释你所看到的山脚景象。农家院里的人们看不到你本人看到的景象，你需要向他们解释你看到了什么，对他们会产生什么影响。如果离开了具体情境，你看到的景象就毫无意义。你是解释具体情境的最佳人选。

◎ 结论

领导者永远不可能了解到当前的所有情况，尤其永远无法预知未来。但是由于可以获取信息，这本身便有一种无法抵御的诱惑，促使他们干预信息，对信息进行微观管理，甚至要求获得更多的信息。陷阱 15 可导致领导者以错误的方式行事。因此，这一陷阱足以获得 4 个独角兽评分。

Myths of Leadership

Part

3

我们知道领导者的性格和特点

陷阱 16

领导者是天生的，不是后天培养的

如果我们确实认为领导者是天生的，不是后天培养的，那么大多数的人还是放弃为好。

◎ 陷阱 16 的本质

有关先天与后天的争论一直在进行着，近看有几十年，远看可能有上千年的历史。

幸运的是，我们已经获得了有关这一争论的确凿证据。事实上，我们拥有长达数千年的数据可以参阅。

至少在 1000 年间，欧洲一直在进行着“领导者是天生的，而不是后天培养的”的社会实验。如果你出生在皇室，最终你可能被谋杀，也可能成为国家的统治者。如果你生来就是农民，整个冬天都得辛苦挖泥，直到被某种可怕的中世纪疾病夺去生命。几乎每个人都生来就处于这种生活状态。

结果，大多数国家的实际统治者都是一些谋杀者、无能之辈、冒险家、精神变态者，以及将会成为民族英雄，进而取代其他所有的奇才。正如领导者遴选方法所体现的那样，这产生了非常复杂的结果。没有任何迹象表明最优的领导者是天生的。

这一陷阱获得 4 个而不是 5 个独角兽评分的原因是，其中有一定的道理。研究表明，如果你拥有良好的社会出身，你获得成功的可能性就大得多。这同才能关系不大，倒是更多地取决于在社会关系与教育背景方面拥有的优势。意大利银行的两位经济学家古列尔莫·巴龙与扫罗·莫切蒂曾经对佛罗伦萨市 1427 年与 2011 年的纳税申报单进行了调查研究。[1] 结果他们发现，1427 年时的一些家族的职业、收入与财富状况明显体现出近 600 年后这些相同家族的职业、收入与财富状况。这说明，有个好父母会注定使你在财富方面处于有利地位，但是这并没有体现出你是否能够成为一个优秀领导者。你可以中彩票发财，但是这并不意味着你可以发挥领导作用。

最后要说的是，选择正确的DNA有助于你跻身于最高领导层。研究表明，《财富》500强首席执行官的平均身高为1.83米，而美国男性的平均身高则为1.77米。[2] 关于这项研究还有两个疑问：第一个疑问是，这项研究依据的是首席执行官自己声称的身高，1.8米恰好是6英尺，而很多首席执行官声称自己的身高为6英尺，不是5英尺11英寸或5英尺10英寸。这一点令人怀疑。

美国总统体现出同样的身高特点。以下是前几届美国总统的身高数据：[3]

- 罗纳德·里根　　185厘米
- 乔治·H. 布什　　188厘米
- 比尔·克林顿　　188厘米
- 乔治·W. 布什　　182厘米
- 巴拉克·奥巴马　　185厘米
- 唐纳德·特朗普　　191厘米

更加重要的疑问是，身为一名首席执行官甚至美国总统并不意味着你就是位领导者，这说明你擅长职业规划或者当选高官，两者需要完全不同的技能。哪些美国总统是高效率领导者，身高是否与此相关，这由你自己来断定。

由此说来，如果你希望在事业上取得辉煌成就，选择正确的DNA或者把鞋垫起来以显得身材更高，这样做会有帮助。另外，要想在欧洲或美国获得成功，身为白人男性也有帮助，这一点非常重要；如果你想在日本企业获得成功，身为日本男性更有帮助；如果你想在中国获得成功，身为中国男性同样更有帮助。这种模式非常明显。

适宜的社会背景与遗传因素看起来有助于你取得事业成功，但是这并没有表明你跻身于最高领导层后会成为一名优秀领导者。

◎ 为何这一点很重要

如果你认为领导者是天生的，不是后天培养的，那么大多数人就得放弃了。如果你不能证明自己聪明地选择了好父母，拥有合适的DNA，你只能转身去干当代意义上的“挖泥”工作。

认为领导者可以后天培养则具有更加积极的建设意义。这意味着我们均有机会成为领导者。在现实中，我们均可以学会发挥领导作用。学会发挥领导作用就像是学会弹钢琴一样。只要付出一些努力，勤加练习，我们就会胜过那些从来没有尝试学钢琴的大多数人。我们也许没有相应的耐心、执着与才能，最终不会成为在卡内基音乐厅举行独奏音乐会的著名钢琴家，但是我们均有可能学会更好地发挥领导作用。

这不可避免地提出了一个我们可以如何学会发挥领导作用的问题，正是下一个陷阱涉及的内容。

◎ 给领导者的教训

我们均可以学会发挥领导作用。即使在领导力方面我们从未成为举世瞩目的明星，我们也能够学会更好地发挥领导作用。为此，我们必须要搞清楚：

•应该学习什么：要成为高效领导者，我们应该具备哪些技能与能力？（参见陷阱 9）

• 如何学习：我们拥有哪些资源可以帮助我们踏上领导历程？（参见陷阱 35）

◎ 结论

《美国独立宣言》第二段写道：“我们认为下述真理是不言而喻的：人人生而平等。”[4] 在理想情况下，这是正确的。然而实际证据并非如此：你的社会背景对于今后能否获得成功有着巨大影响。但是获得成功与成为领导者是两个不同的概念。每个人都可成为领导者，但是走上领导岗位要受到你本人社会背景的影响。由于这个原因，陷阱 16 不能获得 5 个独角兽评分，4 个独角兽评分足够了。

陷阱 17

领导者均拥有愿景

领导者是兜售希望的商贩。

◎ 陷阱 17 的本质

研究表明，追随者最希望自己的领导者有着明确的愿景。[1] 当我们想到那些卓越领导者时，他们全都拥有宏大愿景。肯尼迪总统首次将人类送上了月球；马丁·路德·金发表过著名的《我有一个梦想》演讲。所以，这个问题似乎不再有任何疑问：领导者均需要拥有愿景。

但是在我们转身离开以前，还应该稍停片刻。原因有两个：

• 首先，宏大愿景是危险的。历史上每一位疯狂的独裁者均有一个疯狂的愿景。一些独裁者想要征服世界，还有一些独裁者要征服国内的敌人。这些心愿夺去了数百万人的生命。每一位使你走向“乐土”的幻想家背后，都站着另一位使你走向沙漠和死亡的幻想家。

• 其次，如果你正在领导着一个团队，你就难以拥有宏大愿景。如果你很想要周一上午站在办公桌前向你的团队宣布：“我有一个梦想……”那么你的团队就想知道你究竟在咖啡里放了什么东西。

对于正常的领导者而言，愿景是很成问题的。愿景越宏大，危险性则越大，对于你的团队而言就越不可信。但是一个不大的愿景又有什么意义呢？

◎ 为何这一点很重要

对于所有的领导者而言，有愿景非常重要。领导者率领人们实现他们原先不能实现的目标。如果不知道目标在哪里，就不可能实现目标，你的团队顶多感到困惑不解。没有愿景，就无法发挥领导作用。这就是说，我们必须了解愿景对于领导者而言意味着什么。对于一个团队及其领导者而言，有效的愿景由三部分组成：

• 一个构想。

· 对希望的承诺。

· 行动号召。

以上三个要素可使你树立一个引人入胜的愿景，它同你们的情境密切相关，而且切实可信。

◎ 给领导者的教训

此处阐述如何根据以上三个要素树立自己的愿景。

提出构想

树立愿景并非易事，但是我们均可以提出各种构想。一个有愿景的构想只不过是由三部分构成的故事，如下所示：

· 这是我们现在的处境；

· 这是我们要去的地方；

· 这是我们到达那里的途径。

我们均可以讲述一个故事，这就是我们需要做的一切。如果人们喜欢的话，我们可以将这个故事包装成具有战略意义的一项举措。但是在任何一项发展战略、愿景或构想的核心，都有一个你可以讲述的故事，体现出你如何发挥重要作用。

大构想胜过小构想，因为前者更加能够激励人们。如果你的构想仅仅关系到在你的办公室里合理利用回形针，尽管它也有价值，但是不会引起很多人的兴趣。大构想在整个组织内部都会受到关注，这样的构想会使你发挥重要作用，开创新局面，既可得到支持，又会遭到反对。但你应该大胆去做。

对希望的承诺

领导者是兜售希望的商贩。玩世不恭、职位较低的团队成员往往长期处于这种状态。没有任何领导者可以通过兜售悲观失望而获得成功。即使在英国看上去有可能败给纳粹德国的最黑暗时刻，丘吉尔仍然在兜售希望，而不是悲观失望。当时他的演讲水平也达到了新的高度：“在人类冲突的历史上，从未有如此少的人为如此多的人做出如此巨大的牺牲……这是他们最光辉的时刻……我们要在海滩上与他们战斗……”他没有像中层管理人员那样斥责下属：“我在电子邮件中警告过你们这种情况会发生……”

每一种愿景必须许诺给人带来希望。你的构想必须表明，对于公司与个人将来怎样会变得更加美好。因此，你的构想不仅仅是一个计划或者是一个预算方案。实现预算方案并不是许诺希望，只是满足一种要求。你的构想必须表明，未来的形势如何有所不同，如何变得更加美好。

行动号召

你的构想也许对你重要，但是这并不意味着对所有其他人也重要。如果你的构想是改造供应链，这对生意会非常有利，但是你的团队也许兴趣不大。有人会认为这同他们毫无关系。他们会耸耸肩膀，重点关注当天晚上需要买些什么晚餐食品。还有一些人想要知道你的构想是否会使他们丢掉工作。你将他们带往“乐土”，还是将他们带往沙漠？不要指望你的团队能喜欢上一个抽象的构想。

为了使你的愿景具有切实意义，必须使它关系到每一个团队成员的自身利益。你必须回答每一个团队成员都会提出的两个问题：

• 这对我会有何影响？新的构想既使人担心，又使人满怀希望。担心是自然的：这是否意味着要干更多的工作？我必须学习一些新技能吗？这会影响我的工资与晋升前景吗？应该解释清楚你的构想将会怎样帮助你的团队成员成长发展。

• 要求我干什么？如果你能够清楚地表明，每个团队成员在使构想变成现实的过程中均可发挥重要作用，你就会使他们热情倍增。力争使你的团队成员有一种控制感、参与感，目的明确，觉得关系到切身利益，这样会起到很大的激励作用。

你的愿景对于不同的人有不同意义。每个人均会提出这样的问题：“这对我会有什么益处呢？”应该帮助他们积极地回答这个问题。要记住，愿景不仅仅关系到构想，更关系到人。

◎ 结论

领导者不必像马丁·路德·金那样有愿景，但是他们确实需要有一个要努力实现的愿景或构想。有远见关系到外在形式，有愿景则关系到内在实质。如果构想就是你需要有一个愿景，那就是正确的，无须获得独角兽评分。折中妥协一下，这一陷阱获得 3 个独角兽评分。

陷阱 18

领导者都富有个人魅力

世人对英雄的需要非常强烈。

◎ 陷阱 18 的本质

个人魅力与感召力是英雄陷阱的固有要素。从古至今，人们一直在追寻着能够将他们带向福地乐土的卓越领导者。历史上的盖世英雄不仅青史留名，在各处主广场上也可见到他们的塑像。真正伟大的英雄还现身于后人为他们拍摄的影片当中。每个国家都会谨慎选择本国的英雄与英雄故事。英国人铭记着亨利五世 600 年前在法国北部阿金库尔村重创法国军队的那场战斗。莎士比亚为此创作出剧本《亨利五世》。但是英国人对于法国圣女贞德如何击败英国人却记忆模糊，而法国人则将她奉为女英雄。

塑像、史书与影片全都强调了这一点：伟人成就伟业。这些英雄人物总是带有夸大的成分。即使在当时他们为人谦逊，后世的传说与陷阱也会附加在他们身上，就像海洋生物藤壶会逐渐附着在船体上一样。

世人对英雄的需要非常强烈。好莱坞全靠那些转危为安、拯救世界的英雄人物支撑着电影产业。对于神奇解决方案的渴求从来没有中断过：牧师祈祷神来出手干预，巫师则施展魔咒，国王被上天指定为国家的大救星。

我们需要领导者能够改变我们的命运，或者至少能够改变我们的工作日，使我们可以做得更好。我们的领导者不会施展巫婆的魔法；相反，他们会极力争取由顾问和学者兜售的所谓最新神奇妙方。这些顾问和学者声称，他们已经为领导者的战略、经营、行事程序、领导方法或团队合作活动找到了相应的解决方案。对于魔力的渴望仍然存在着。因此，我们不停地购买神奇妙方，幻想着以希望来战胜现实。

富有个人魅力与感召力的领导者能够给人以未来的希望。这是一个我们全都相信的许诺，从而也使我们更加信任富有魅力的领导者。

◎ 为何这一点很重要

这一陷阱既危险，又有用。说它危险，是因为个人魅力与感召力在很大程度上难以具备，也没有必要：

• 高效率领导者很少富有个人魅力。想想你们企业的领导者，从团队负责人到顶层大老板，他们当中有多少人是你认为富有个人魅力与感召力的？我曾经采访过数千名领导者，其中许多极为优秀，但是富有个人魅力与感召力的人物却很少。最具个人魅力的那位领导者目前因欺诈行为正在接受调查。

• 个人魅力与感召力并不总是为善的力量。就像《星球大战》中的原力一样，也有其黑暗面。希特勒、墨索里尼、波尔布特（原柬埔寨共产党红色高棉总书记——译者注）等人全都富有独特的个人魅力与感召力：他们非常善于察言观色，操控别人。

• 你无法传授个人魅力与感召力。也就是说，你天生就富有个人魅力则罢；如果你没有个人魅力，我们可以根据发现的个人魅力基因，在刚一出生时就选择领导者。到目前为止，医学还没有发明个人魅力移植手术。

• 个人魅力解决不了问题。当代商业非常复杂，不能依赖一个人的感召力。突破性的构想可以来自任何地方，而具体执行起来则要依靠团队的集体努力。

说这一陷阱有用，是因为它关系到对当今领导者提出的两个要求。个人魅力与感召力建立在希望与激励这两大支柱的基础上。高效的领导者必须给予人们以希望，使自己的团队参与有关行动。领导者需要积极热情的自愿追随者。

◎ 给领导者的教训

如果依靠个人魅力与感召力这条路行不通，那么还有其他出路吗？研究表明，追随者对他们的领导者有五个期望。[1] 下面按着轻重缓急的顺序一一列出：[2]

拥有愿景

应该使你的团队有明确目的性、方向感，看清楚希望所在。这不是关系到提高股东回报率的抽象构想，因为你的团队也许并不关心股东回报率。这是一个具体的愿景，明确揭示出每个团队成员如何可以发挥重要作用，他们的未来如何变得更好，他们如何可对有意义的事业做出自己的贡献。

能够激励别人

激励本身在一定程度上关系到具体工作安排：要确保每一个团队成员都分配到一些安排合理的任务。有一些单调乏味的普通工作在所难免，但是也应该有一些有难度也有趣的工作。领导者采取如下措施能够发挥最大的激励作用：明确表示关心每一位团队成员及其前程。也就是说，对他们感兴趣，经常向他们提出一些诚恳的建设性意见，给他们分配合适的工作任务，公开承认他们所做的贡献，甚至有时对他们说一声“谢谢”。

坚决果断

如果你真的想要团队成员士气低落，满腹不满，那就慢慢做决策，然后不断地改变主意吧。这样做肯定会使你的团队不知所措，大量返工。团队渴望胸有成竹的领导，因此应该下达明确的指示。即使情况令人感到不安，只要胸有成竹、坚决果断，便可找到出路，有希望解决问题。

危机时刻处惊不乱

危机时刻方能体现出领导者同其他人的差别。此时领导者方寸不乱，表现优异。危机管理关系到做什么，如何去做。做什么意味着向前看，寻找解决方案，然后率众行动，而不是计较过去，责备他人。更重要的是你本人如何表现自己。如果你态度积极，表现称职，率先垂范，就会给人留下这样的印象：处惊不乱，知道自己在做什么（即使你自己也有很大疑虑）。如果你像一只无头鸡那样到处乱窜，那么你的惊慌情绪就会在整个团队中蔓延开来。

诚实

在研究问卷过程中，为人诚实这一点得分很高。我们大多数人都想为诚实的人工作。但是也有证据表明，许多人也非常愿意为恶棍、精神变态者与独裁者效劳。在研究过程中，曾经对诚实这个问题进行过深入探讨。结果发现，追随者真正想要得到的比诚实更加重要：他们想要得到信任。没有人愿意为他们不信任的领导者效劳。如何建立信任，这是陷阱 19 的主题内容。

如果你能够满足以上五个期望，就可以成为一位高效率领导者，达到非常专业的工作水平。你会胸怀希望的愿景，能够有效地激励人们，使他们心甘情愿地追随你。你的团队甚至还可能将你视为富有个人魅力与感召力的人物。

◎ 结论

领导者富有个人魅力与感召力不仅是个陷阱，而且还是个危险的陷阱。对于我们大多数人而言，个人魅力与感召力遥不可及，不可传教，也没有必要。富有个人魅力的领导者可能成为危险的煽动者与骗子，这会使我们获得 5 个独角兽评分。但是有时你会遇到富有个人魅力与感召力的卓越领导者。因为存在富有个人魅力的杰出领导者，所以这里只能获得 4 个独角兽评分。

陷阱 19

领导者只需要为人诚实

做一位诚实的领导者还不够，还必须做一位备受信任的领导者。

◎ 陷阱 19 的本质

从幼年开始，儿童所受的教育就是诚实是优点，不诚实是缺点。这是一个贯穿于日常生活中的原则，也是法律与文明社会的核心原则。我们希望自己的同胞为人诚实，也希望自己的领导者为人诚实。我们的政治领导者三番五次表现得不诚实，不断引发丑闻，成为媒体的头条新闻。

有关领导力的研究[1]表明，为人诚实是追随者们希望领导者具备的五大特点之一，也是领导者们之间最大的分水岭。他们在这一点上不是得分很高，就是得分很低，没有任何中间余地。在诚实这一点上得分很高的领导者，也有可能非常符合其他领导标准。在诚实这一点上得分很低的领导者，用其他领导标准来衡量也是声名狼藉。

◎ 为何这一点很重要

鉴于为人诚实非常重要，人们所说的诚实究竟有何含义是值得探究的。对一位资深投资银行家进行的一次难以置信的采访揭示了这一挑战的本质。当时我坐在他那间摆放着假古董的豪华办公室里开始了采访。下面是我们的采访片段：

银行家："诚实同伦理道德没有任何关系。"

我本人："？？！！#！"

银行家："这比那重要得多。诚实关系到信任。如果我的团队不信任我，明天他们就会离开。如果我的客户不信任我，我就没有任何客户。离开团队与客户，银行家毫无作为。信任就是一切。"

信任要求不一般的诚实：不仅是不说谎，而且还要能够始终说实话。做一位诚实的领导者还不够，还必须做一位备受信任的领导者。

◎ 给领导者的教训

领导者需要备受信任。多年来，有一个简单的公式表明了建立信任的方式：

$$t=\frac{(i\times c)}{(s\times r)}$$

t 代表信任

i 代表密切关系

c 代表可靠性

s 代表自私

r 代表风险

这就是将信任方程式付诸实施的方式，借此你便可以成为备受信任的领导者。

密切关系

这涉及与职务相当的人拥有共同价值观、共同经验、共同世界观以及共同的工作计划。在形式与内容上均不例外。

在形式上，我们觉得同我们这样的人在一起工作更容易一些，因为我们了解他们的思维与工作方式。全球化团队面临的一个挑战是：成员之间差距太大，因为他们不了解其他成员的思维方式。由于这个原因，他们初次见面似乎就是在浪费时间议论一些琐碎的小事。这种议论本身有其目的：他们正在力图寻找工作经验与世界观方面的共同点。这是在陌生人之间建立个人信任的第一步。

在实质内容方面，密切关系意味着拥有共同的工作计划与共同目标。这一点是明摆着的。如果我们拥有共同需要，甚至共同敌人，合作起来就比处于竞争关系时容易一些。实际上，找出共同需要常常很难。尤其是在销售与谈判过程中，重要的是发现对方的工作计划。当你了解到他们的需要、愿望与担心的事情后，找到双赢解决方案就容易多了。

可靠性

我们大多数人都有一些关系非常密切的朋友，但是我们不会委托他们去做任何重要的事情。因为他们非常不可靠。所谓可靠，就是无论何时言出必行。可靠关系难以建立，却易于丧失。就像花瓶一样，一旦打碎，就难以完全修复，重现原样。

我们大多数人都喜欢认为自己言行一致。也许确实如此，但是我们认为自己说出的话并不同于其他人认为他们听到的话。话语的意思经常会被别人混淆误解。我们会这样说话：

- 我希望如此……
- 我会试一试……
- 我要看一看是否……

对方听到的是“我愿意……”当我们回来说自己已经尝试过了（但是还没有兑现诺言），我们就会失去信任。就说过的话或者没有说过的话展开争论毫无意义。感觉本身也许靠不住，但是感觉所造成的后果却是实实在在的，这意味着我们必须把话说清楚，一定要使别人确切理解自己的意思。

可靠就要言出必行，就要非常明确地沟通交流。

风险

风险是信任的克星。风险越大，越需要信任。我会让陌生人告诉我去邮局的路，但是如果我将终生积蓄委托给陌生人保管，那就是不明智了。风险很重要。管理风险的方式有两种：减少风险，或者增加风险。

在某种程度上，减少风险是一个明显的途径。风险不是写在风险日记中的抽象概念。它是一种个人风险：我能够做到吗？如果出了差错，我是否就像个傻瓜？到最后我还会有工作吗？这些是你作为一个领导者需要管理的风险。应该将挑战化解为很小的碎片，减低风险程度，提供适当的支持，力争消除未来的风险。

管理风险的另一个不太明显的途径是增加风险。应该明确指出无所作为的风险要大于实施变化的风险。正是在这种时候，领导者常常可以谱写出“临危应变”的工作新篇章。他们表示生意好像遇到了火灾，如果不果断采取行动，一切将化为乌有。

自私

我们全都是自己生活故事的主角，整个宇宙也都围绕我们的生活现实为中心运行。然而我们越是重视自己的利益，其他人就越不想同我们共事，为我们效力。即使最优秀的领导者最后也会以自己的利益为重，但是他们能够理解并尊重其他人的需要和利益。

◎ 结论

这应该是与独角兽无关的领域。为人诚实是取得信任的重要因素。问题是信任是不对称的：我们知道别人信任自己，但是我们不一定可以信任别人。也就是说，在实践中许多领导者都栽在了“信任”二字上。这个陷阱获得 1 个独角兽评分，为的是承认这一点：领导者绝大部分为人诚实，但是却无法轻易取得别人的信任。

陷阱 20

领导者必须勇敢无畏

如果你想要领导人群，而不是跟着人群走，你就需要冒险。

◎ 陷阱 20 的本质

纵观历史，领导者必须勇敢无畏，这实属身不由己。军事首领率领他的（有时也包括她的）部队参加战斗并不是比喻的说法，而是实际情况。但是历史已经向前发展了。最后一位率领军队参加战斗的英国国王是乔治二世。1743年，他率领英军参加了德廷根战役。[1] 如今部落首领仍然需要勇气对付那些装备日益精良的对手，对付那些仍然存在威胁的野兽。[2]

但是当今大多数领导者不同于往昔的国王，也不同于当今的部落首领。较量冲突也许激烈，但是并不猛烈。勇敢无畏的首领似乎成为一种已经被陷阱湮没的现实存在。

但是有关研究表明，勇气对于领导者仍然具有重要意义。不过勇气的性质已经发生了变化。[3] 勇气一贯被视为使最优秀的领导者不同于其他人的七个心理特征之一。这是有道理的。如果一位领导者带领人们实现他们自己无法实现的目标，就要敢于冒险。冒任何风险都需要勇气，因为冒险有可能导致失败。也就是说，只有勇敢无畏，才能发挥领导作用。

◎ 为何这一点很重要

在当代领导者必须具备的领导力当中，勇气处于核心地位。

制定决策

制定决策涉及的问题是有可能出现差错。由于这个原因，大多数企事业单位都非常倚重委员会和很长的决策过程。如果每个人都参与了错误决策的制定过程，那么就不能指责任何人。但这是随大流行为，不是领导力。

开展艰难谈话

担任领导工作就要时常同人们开展尴尬的谈话。任何人都不喜欢处理工作表现不佳的问题，不喜欢降低职位与工资，或者给出消极的反馈意见。但是如果你做不到这些，在年终评估时就会传来使你感到惊讶的消息：今后你不会再受到信任，因为你未能及早地处理实际情况。如果你能够及早地积极开展这些艰难的谈话，你就会建立信任。

知难而进，绝不退缩

在任何一家公司里，都会出现各种危机以及情况不确定的时刻，没人确切知道应该采取什么措施。这时简单易行的办法是暂时退回到阴影里，静观其变。没有人会因为失去机会被解雇，但许多人会因为冒险而失去机会被解雇。领导者必须准备在适当的时刻挺身而出，知难而进。

冒险

如果你想要领导人群，而不是跟着人群走，你就需要冒险。这并不是像大多数公司想象的那样去冒险。公司要将看出的各种风险列在风险日记中（里面挤满了各种减轻负面影响的首选行动方案）。这全都是合理的风险，可依靠足够的洞察力与资源进行管理。领导者必须去冒的风险都是个人风险。领导者均知晓这一格言：成功高朋满座，失败倍感孤独。冒险一出问题，很快就能找到受害者：后果有可能令人尴尬，或者妨碍事业发展。对于领导者而言，冒险既涉及个人，又涉及情感。如果你不想显得愚蠢，就应该避免领导者必须去冒的风险。

◎ 给领导者的教训

初看起来，似乎没有值得领导者借鉴的经验教训。你也许勇敢，也许不勇敢。你不可能学得勇敢，是吗？

皇家海军陆战队突击队与消防队的经验表明，你可以训练勇敢的行为。他们要求自己的团队去做一些我们大多数人认为勇敢，甚至莽撞的事情。你愿意闯进已经失火、浓烟滚滚的办公室吗？对于消防员来说，那常常就是他们的工作场所。皇家海军陆战队突击队与消防队运用同样的方法，帮助刚招聘来的新队员去做一些勇敢的事情。他们循序渐进，渐入佳境。

对于消防部门而言，这意味着刚招聘来的新队员首先要学会适当穿用、照看好消防服装设备；接下来要学会用深平底锅灭火，学会安全地爬上短小的梯子。渐渐地，火势越来越猛，梯子越来越长，情况更加危机，服装设备也更加复杂。最后，他们做的那些事情在你我看来已经达到了疯狂的勇敢程度。

消防部门主管强调了大部分当代勇敢作风背后的现实情况："我永远不需要勇敢的消防队员，因为勇敢的消防队员很快就会成为死去的消防队员，这对我毫无用处。"在你我看来，消防队员们做的都是勇敢的事情。对于消防队员而言，他们是在处理得心应手的熟悉场面。你的办公室里也许充斥着闲言碎语，而他们闯入的办公室里却是大火熊熊。

领导者就像消防队员一样，可以循序渐进地培养勇敢作风。要学会冒一些小的风险。不要在公司召开的国际大会上当着2000名重要管理人员的面首次发表演讲。一开始应该跟一些信得过的同事，就熟悉的话题聊聊天，从此干起。

同消防队员的情况一样，大部分看似勇敢的作为其实只是识别模式而已。当你多次见过一种场面后，就知道会发生什么情况，处理起来胸有成竹。

皇家海军陆战队突击队也为我们上了一课。勇敢同你遇到的具体情境有关。在某一时刻，皇家海军陆战队突击队也许会舍生忘死。这是极端的勇敢表现，超出了训练范围，取决于通过赏罚、团队合作、文化以及故事讲述而得到强化的核心价值观教化。与此相对的另一个极端是典型的官僚机构，在那里更换咖啡机也被视为勇敢的举动。两种极端表现的群体均会招聘一些新人，他们已经具备各种基本能力，包括较强或较弱的冒险欲望。

作为领导者，你没有必要冒着生命危险行事，也没有必要像皇家海军陆战队突击队员或消防队员那样勇敢。你只需比同事们勇敢一些即可。

如果你想培养领导者的勇敢作风，那么你的成功关键就是：

- 循序渐进。先冒一些小的风险，从此干起。
- 积累经验。应该不断地使自己亲临现场，学习事关成败的各种行事模式，这会使你在今后有信心处理好类似的情况。

• 勇敢一些。你只需比同事们勇敢一些，比去年勇敢一些即可，不必每天冒着生命危险行事，也不必拿自己的事业冒险。

◎ 结论

如今领导者必须勇敢行事。但是有史以来，勇气的性质不断发生着变化。因此这一陷阱符合实际情况。你必须勇敢行事，但是勇敢的领导作风受到了广泛误解。因此这一陷阱只获得 1 个独角兽评分。

陷阱 21

领导者是在场最聪明的人

如果你想成为一名领导者，就要信任你的团队，让他们迎接每一个挑战。

◎ 陷阱 21 的本质

等级结构复制的是亲子关系：老板是父母，团队成员是子女。[1] 这在团队内部造成了不良的紧张关系。实际上，这意味着许多团队善于推脱责任：他们喜欢将所有的问题推给领导者，从而可以不必为解决方案负责任。另外他们还可以抱怨老板以错误的方式做出错误的决策，老板是个“十足的白痴”。他们的做法就像青少年抱怨自己没有头脑的父母一样。老板肯定最不愿意听到这种抱怨。当着你的面，团队成员们彬彬有礼，表示支持，因为他们知道自己的前程攥在你的手里。

老板也参与到这种游戏中来。老板也许是仁爱的父母，也许是虐待子女的父母，但是同团队的关系没有变。老板常常觉得需要证明自己的价值。他们想要表明自己能够处理最棘手的问题，希望自己显得为人处事聪明，有把控能力。他们想要成为在场的家长，显得威风凛凛。

这种游戏存在于公司的所有部门，甚至最高管理层也未能免俗。成人亲子关系的游戏情形永远不会发生实质上的变化。40 岁的成年人肯定不喜欢被当作儿童来对待，但是等级结构的游戏就是要强迫他们扮演儿童的角色。

这个陷阱同领导者是孤独英雄的概念有着密切关系。

◎ 为何这一点很重要

这种亲子关系很不正常，影响工作，因为它：

• 剥夺团队权力。将责任推脱给作为家长的老板，团队便被剥夺了权力。团队不制定决策，就不会被追究责任，这使得业绩管理难度极大。

• 使团队萎缩瘫痪。高效团队不断面临挑战，面临压力，而不是过着慢节奏的生活。将责任推给上级领导，团队就避开了最艰难的挑战。从短期来看，这是最简单的出路。如果老板知道怎么做，就让老板去做吧。但是从长期来看，这是一条造就平庸低劣之路：团队永远不会增长才干，永远不会得到发展。

• 使团队失去积极性。一个被剥夺权力，不会得到发展的团队，自然要失去工作积极性，即使在短期内可以生活得舒适。老板不给分配任务，这说明老板抱着不信任的态度，对团队的工作能力缺乏信心。接下来便形成恶性循环。团队一旦失去积极性，信心和工作绩效也随之下降。这向领导者表明，团队不能委以重任。结果领导者的工作负担便会日益增加，从而将进一步剥夺团队权力，使团队萎缩瘫痪，失去积极性。

• 使领导者不堪重负。团队将责任往上推脱，使得领导者承担的工作负担日益增加，最终不堪重负。如果你想显示英雄气概，那就自己迎接一切挑战。如果你想成为一名领导者，就要信任自己的团队，让他们迎接一切挑战。

◎ 给领导者的教训

以下是领导者从这一陷阱中可以借鉴的六个重要经验：

了解自己的角色

领导者的角色并非是做在场的最聪明的人，而是将最聪明的人集中在一起。体育教练很少是最优秀的运动员，教练的作用是为团队发现培养最优秀的运动员。一旦你这样做时，你就会重视每一个人的独特才能与贡献，可以开始摆脱“父子式”的工作关系。

改变工作关系

改变同团队的工作关系，从父子关系转变为成人同事关系。其中最重要的是一种革命观念：忽略等级制度，抛弃“老板团队”成员的思维方式，只将团队视为每一个成员都要发挥不同重要作用的集体。团队领导者发挥指导工作，确定方向，管理资源的作用，但是每个团队成员也要发挥重要作用。你们所有成员都要做出平等的贡献，没有谁胜过其他人。每个人的贡献均有不同意义。

加强问责制

不要让你的团队将责任向上推给你。你应该将工作任务分配给团队成员。你要想方设法通过有意义的工作使你的团队努力接受挑战。在父子式的工作关系中，领导者总是承担着所有责任。这使得团队成员被剥夺了权力，心怀不满。在成人同事式的工作关系中，人人平等，每个人都承担着不同的角色与责任。这通常能够提高士气与工作绩效，便于开展绩效管理，因为由谁负责哪项工作一清二楚。

更加关注你的团队

管理人员与领导者自然要花费大部分时间思考如何同老板打交道。在等级组织结构中，我们关注上层领导的时间多于关注下属的时间。这是可以理解的，因为老板控制你的命运。老板并不使用用户手册，所以要用心考虑如何才能影响你的老板。但结果是，领导者常常并不花费同样多的时间深入思考如何影响每一个团队成员。但是如果你是团队的业务指导，你只有专心地帮助每个团队成员提高成绩，你才能取得最佳工作业绩。

信任你的团队

不能将任务分配下去，这反映出对你的团队缺乏信任。你的团队也清楚这一点。你应该对你的团队表现出信任，这样通常会获得丰厚回报。大多数员工都想将工作做好，希望能被委以重任。不要让工作卡在你手里，要将工作分配下去，让你的团队迎接挑战，亲眼看到他们的信心与能力均得到增强。

为人低调

墓地里挤满了不可缺少的高级主管。实际上，我们离世时会消失得了无痕迹。作为领导者，你要做的事情不是成为不可或缺的人物，而是使自己成为可有可无式的人物。努力建设自己的团队与公司，使其在你离开时也能够获得长足发展。

◎ 结论

这一陷阱含义很深。它意味着许多领导者在工作中捉襟见肘，因为他们未能适当地分配任务或者信任自己的团队。但是这对于领导生涯而言并不是有百害而无一利。即使上述看法是正确的，领导者也有可能在工作历程中走得并不顺利，有时领导者是在场的最聪明的人。这一陷阱虽然不能使领导者“丧命”，却可以使他们“致残”，应该获得 4 个独角兽评分。

陷阱 22

最优秀的领导者都是聪明人

在学术上聪明同为人聪明不是一回事。

◎ 陷阱 22 的本质

同所有陷阱一样，这一陷阱也散落在历史的迷雾中。自古以来，人类社会一直渴望追随能够主张正义，维护法治的明智领导者。

工业革命的爆发将这个理念又向前推进一步。新式工厂需要由聪明的领导者来组织管理，由工人负责运行，后者基本上相当于机器中不可靠的齿轮。各种想法必须先从老板的头脑里冒出来，然后再由工人亲手加以落实：老板有头脑，工人有手艺。这一点明确地体现在后来兴起的科学管理方法中，其权威人物就是弗雷德里克·泰勒。[1] 他在整个职业生涯中致力于详尽的操作分析，研究如何改进操作效率。在一次著名实验中，他成功地使工人们一天处理 47 吨生铁，此前一天仅处理 12 吨。在对时间与动作进行科学管理的背后有这样一个假设：工人非常愚蠢懒惰，不可能主动提高自己的生产效率。

全面质量管理继承了科学管理的衣钵，但是有一个关键变化：全面质量管理认为工人不再是粗鲁的劳动者，他们现在也受到过较好的教育。也就是说，他们可以取得更好的工作成绩，但是也渴望得到更大回报。

如今劳动力大军的受教育程度比以往任何时候都高，这意味着领导者也需要比以往更加“聪明”。这是真的吗?

在学术上聪明同为人聪明不是一回事。学术背景强大的领导力本身就是一个自相矛盾的说法。满屋子博士只会引发争论，不会形成领导力。看看当今的顶级亿万富翁，其中大多数都没有工商管理学位，近一半没有读完大学。但是如果因此就说扎克伯格、比尔·盖茨或者谢尔盖·布林头脑愚笨，那就很不明智了。因为显然他们都很聪明。

聪明的领导力与以往大为不同。

◎ 为何这一点很重要

如果你想成为一名成功的领导者，就应该知道为获得成功你需要具备哪些技能和能力。19 世纪对于从愚笨劳动力中选拔聪明人的要求，如今显然已经不再是获得成功的秘诀。在每一个人都受过较好教育的世界里，教育是获得成功的一个必要条件，但不是充分条件。

领导力的性质发生着根本变化，因为公司与劳动力的性质也发生着根本变化。两个重大变化是：

1. 劳动力比以往任何时候都聪明，今后会变得更加聪明。这对于领导者来说有两个意义：

· 当其他人也聪明的时候，你需要哪种聪明才能发挥领导作用呢?

· 有些人要求管理比从前少，但是期望却比从前高。你如何去领导这种人?

2. 各家公司正在实施外包与裁员措施，其精简程度与专业化程度日益提高。这种形势前所未有。这意味着领导者不再控制所有的人，也不再控制他们为获成功所需的各种资源。当你不再拥有直接控制权时，如何继续发挥领导作用呢？

◎ 给领导者的教训

如今聪明的领导者需要具备三种本领，我们将其称为智商、情商与政商。

智商（IQ）

智商高的领导者水平胜过智商低的领导者。但是管理智慧不同于学术智能。学术智能涉及逐渐积累的系统知识，管理智慧则包含有以下两个因素：

• 迅速识别各种模式并做出反应。这是建立在类固醇基础上的经验。受理过 499 个离婚案的律师在遇到第 500 个离婚案时知道会出现什么情况。打过数千次销售电话的销售人员能够看出买主会有什么反应，知道应该如何应对。当客户遇到危机时，危机管理专家知道应该采取什么措施。对于客户来说是未知领域，但是对于专家来说却是了如指掌。领导者必须在他们遇到的所有不明确情况中识别出各种模式，积累经验，在下次遇到类似情况时胸有成竹，果断应对。

• 不断学习，迅速适应新形势。识别模式并不总是奏效，因为你总会遇到不熟悉的新情况。面对危机与不明确情况时，管理人员可能退缩不前，但是领导者却要挺身而出。此时正是你作为领导者迅速学习成长的时刻。领导者越是经常挺身而出，就越是能够学会如何成功地挺身而出，独当一面。结果会再次体现出模式识别的特点。

情商（EQ）

鉴于劳动力的受教育程度比以往任何时候都高，领导者必须采取不同的领导方式。只作为一名人们必须服从的领导者还不够，还需要做一名人们愿意服从的领导者。也就是说，要将“人”当人来对待，而不是当作机器里的齿轮。聪明的情商涉及激励人们，建立平衡协调的团队，培养才干，管好自己以及自己的情绪。情商要求了解如何影响别人并适当地适应环境。19 世纪时对领导力从来没有过这种要求。

政商（PQ）

你会看到许多好人（情商高）和聪明人（智商高）在公司的某些浑浊环境里郁郁不得志。他们被一些冷酷的同事用作通向成功之路的垫脚石。显然，成功公式中还缺少一环。在21世纪，领导力的性质已经发生了变化。公司纷纷裁员减负，精简机构。领导者不再控制他们所需的所有资源。相反他们必须做到以下几点：

- 说服同事；
- 在公司内外建立有效影响和相互信任的人脉关系；
- 为自己负责的项目协调工作计划，寻找合作盟友；
- 努力争取各种资源。也就是说，你的真正竞争对手不是在市场上，而是就在你的身边；
- 寻找有利于获得成功的老板、项目与经验。

上述21世纪的工作技能具有深刻的政治色彩，关系到使本单位的员工与你一起工作，为你而工作。具有这些工作技能的领导者同样具有很高的政商。

领导者也许仍然需要为人聪明，但是聪明的性质正在发生变化。他们还需掌握其他工作技能。如今领导者需要同时具备智商、情商与政商，工作标准一直都在不断提高。

◎ 结论

在19世纪，这一陷阱会获得1个独角兽评分，因为在当时这就是实际情况。在20世纪，这一陷阱会获得3个独角兽评分，因为领导者既需要智商，又需要情商。在21世纪，这一陷阱则获得5个独角兽评分，因为仅仅聪明还不够，你还必须具备情商与政商。

陷阱 23

男女领导者的差别很大

要尊重人们的为人，而不是尊重他们的 DNA 或染色体。

◎ 陷阱 23 的本质

销售图书与获得媒体关注的一个好方法是向人们表明，男人与女人的领导方式截然不同。“男人来自火星，女人来自金星”，[1]这不仅仅道出了男女差异，也是一本畅销书的书名。

研究工作也许枯燥，但是也更有用。即使在后真理时代，根据证据而不是信念行事，这样做是值得的。有关研究做得非常细致。[2]差别是有的，但并不像大众媒体要渲染的那样大。艾莉丝·伊格利教授早期开展的一次里程碑式的荟萃分析发现，在实际组织生活中，男人与女人之间的典型差别并不大。[3]在实验室条件下，他们之间的差异则比较明显。

表 23.1　男女领导典型特点差异

女性领导典型特点	男性领导典型特点
以人为重	以工作任务为重
参与 / 民主特点突出	发号施令 / 专横特点突出
行事谨慎	好冒险
很少武断	比较武断
有感情意识	注重事实

有关男女差异的常见定型看法由图 23.1 所示。对于表 23.1 中列出的男女差别，你可以补充自己的看法，加减随意。

另一个看待上述争论的不同方式是：询问男女之间在每一个因素上的差别究竟有多大。下面两个示意图表示可以怎样看待男女之间的差别。图 23.1 表明，大众媒体会怎样渲染男女之间的差别：男人和女人简直来自不同的星球。

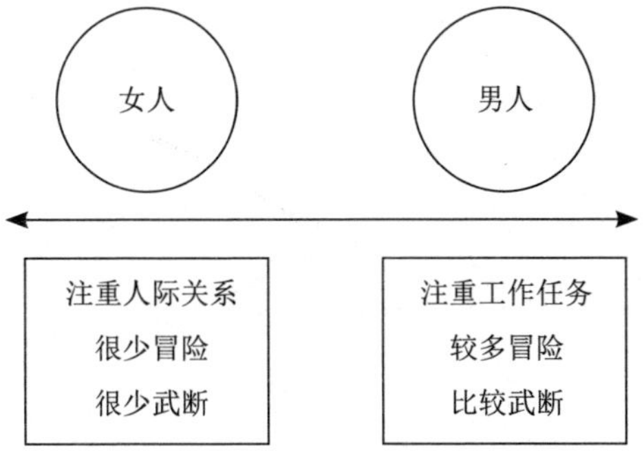

图 23.1　有关男女差别的常见定型看法

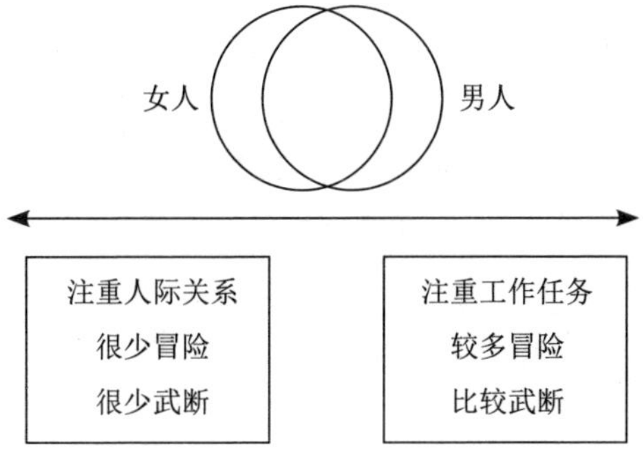

图 23.2　基于研究结果的男女差别观示意图

图 23.2 表明有关研究如何描述男女之间的差别：差别是有的，但是并非达到了彼此截然不同的程度。你会发现许多具有较多女性特点的男性，也会发现许多具有较多男性特点的女性。

◎ 为何这一点很重要

男女差别，无论有无，至少从三个方面来看很重要。

建立平衡协调的领导团队

显然，如果民众对于男女差别的看法准确，那么对于选择培养领导者则具有重大意义。这意味着有些领导职务适合男性担任，另一些领导职务则适合女性担任。有些职务需要很大的冒险勇气（适合男性），另一些职务则需要高超的人际关系技能（适合女性）。

如果实际情况更加微妙的话，就需要建立一个工作风格平衡协调的领导团队。有关男女差别的习惯性看法体现出一些重要的行事风格差别，但是差别不仅仅局限于这些。

培养未来领导者

如果确实存在着男女差别的话，那种“以不变应万变”的领导培养方式就会产生非常不平等的结果。下文中列举的“培养未来领导者计划”实例便证实了这一点。

培养未来领导者计划

“培养未来领导者”这项计划旨在让杰出人才迅速走上一些非常艰巨的学校领导岗位。它征召的培养人数大体上反映出学校中层管理人员的人员比例情况为：男女各占50%。大约五年后，我们发现被提升为中小学校长的人80%为男性。这并不是我们希望看到的结果。

我们调查分析了出现差错的原因。不出所料，我们发现女性学员面临着很大的障碍：

· 甄选小组有意或无意的性别歧视。

· 家务拖累：女性仍然承担大部分操持家务和照看孩子的责任。

我们还发现了符合（或者不符合）男女有别习惯性看法的情况。通常，男性在只有40%~50%把握的情况下就去应聘领导职务。他们力争说服别人，很有信心地认为如果有机会上岗就职，自己就能勇敢地迎接挑战。如果遭到拒绝，他们认为那是甄选小组的错。他们不理睬每个甄选小组提出的反馈意见。也就是说，他们会一直争取下去，直到最终赴任就职。

相比之下，女性则一直等到她们认为自己胜任领导工作为止。即使她们知道自己有80%的把握（谁也没有100%的把握应聘新职务），也必须在别人的鼓励下才去应聘领导职务。如果遭到拒绝，她们便非常重视甄选小组的反馈意见。也就是说，她们在觉得自己还没有克服甄选小组声称发现的各种缺点之前，不会再去应聘领导职务。

男性自告奋勇，积极进取；女性则作茧自缚，消极后退。在后来的五年中，这项培养计划进行了适当调整，以反映出男性与女性各自不同的行事方式。最终走上领导岗位的应聘者达到了男女平分秋色的比例。

公共对策

关于男女差别的争论还将进行几十年。相关的习惯性看法究竟有多大正确性，应该采取什么措施，对此你可以提出自己的观点。本书重点关注男女差别对于你发挥领导作用有何意义。

◎ 给领导者的教训

在此我们总结出四个可以借鉴的经验：

建立平衡协调的团队

男女之间的不同差别，突显出建立平衡协调领导团队的必要性。如果整个团队全都由爱冒险的人组成，也许能很快获得成功，但是也可能很快遭到惨败。因此平衡协调各种人才与工作风格具有重要意义。

了解自己的工作风格

无论你是男是女，都应该认真思考你在多大程度上以工作任务为重，或者以人为重；是提倡民主，还是独断专行；是爱冒险、自以为是，还是谨慎小心，乐于帮忙。人们常说风格无对错，但是这话有误导作用。在一般情况下，也许风格没有对错之分，但是在具体情况下，某种风格也许就比其他风格更为奏效。你务必要找到适合自己风格的工作环境。

温顺懦弱者得不到晋升

上述“培养未来领导者计划”的实例表明，你必须做好积极的准备：不要等到有 100% 把握的时候才敢行动，因为你永远不会 100% 地有把握担任下一个职务。

尊重别人的为人

也许领导者可以借鉴的最重要经验就是尊重别人的为人，而不是尊重他们的 DNA 或染色体。我们应该在多大程度上根据 DNA 看重一群人（暗示轻视另一群人），这是一个每个人都可以发表见解的社会共识。

◎ 结论

我们生活在一个后真理时代，人们相信自己愿意相信的事物。男女差别显然存在，但是至于差别有多大，是否重要，应该采取什么措施，对此则众说纷纭。因此你必须自己拿定主意，做出决断。这个陷阱应该获得几个独角兽评分，由你自己来决定。

陷阱 24

精神变态者可以成为领导者

有个人魅力，有暴力倾向，不能设身处地为他人着想，这些特点在他们身上同时存在。

◎ 陷阱 24 的本质

精神变态者被普遍视为疯癫、邪恶、危险的人，不宜结识为友。在世界各地，精神变态者是监狱的常客。他们入狱的可能性是正常人的 25 倍。[1] 初看上去，这可不是领导者的明显特征。

据有关研究估算，1% 的人口（主要为男性）具有明显或轻微的精神变态倾向。[2] 3% 至 21% 的企业高级主管被列为精神变态者。[3] 各种估算百分比之间的差额很大，所以在究竟谁可被视为精神变态者这一点上尚无定论。精神变态的程度多种多样，每个人都有精神变态的倾向。任何情况下，精神变态者都明显地善于自找麻烦，也善于使自己掌握的权力。

◎ 为何这一点很重要

如果精神变态者能够成为领导者，那么我们一定可以向他们讨教有关领导力性质的一些奥妙。所以了解精神变态者的下述主要特点还是明智之举：[4]

- 大胆自信；
- 抗压力强；

· 敢于冒险；

· 富有个人魅力。

对于任何一位领导者而言，这些都是良好的个人素质。如果你要带领人们实现他们自己无法实现的目标，就必须要冒险，顶住巨大压力，行事果敢，使人们满怀热情地跟着你一起工作。上述特点在某些种类的工作中很有促进作用。大型银行的交易员就需要具备精神变态者的上述特点。也许投资银行在鉴定甄别精神变态者时，目的不是为了赶走他们，而是为了挑选他们。影片《华尔街》以及后来出现的一些丑闻表明，有些投资银行也许有意无意地根据以上特点招聘员工。

为何精神变态者声名狼藉呢？因为他们还有下面一些消极特点：

· 没有道德原则；

· 不能设身处地为他人着想；

· 喜欢摆布别人；

· 有暴力倾向。

这些特点看起来并不相互协调。一个不能设身处地为他人着想的人怎么会有魅力呢？答案是精神变态者非常善于察言观色。他们会很快察觉你的动机、希望与恐惧，然后加以利用。这看上去像是投入了感情，但只是一种外在表现。他们就像摆弄开关一样随时改变自己的兴趣。他们看上去很有魅力，实际上只是在摆布别人。受教育程度较低的精神变态者不善于通过个人魅力或言语摆布别人。相反，他们往往力图通过暴力手段摆布别人。因此许多精神变态者被抓进了监狱。有个人魅力，有暴力倾向，不能设身处地为他人着想，这些特点在他们身上同时存在。

精神变态者具有摆布别人的能力，这使他们能够在组织当中青云直上。他们敢于冒险与大胆决策的自信，有助于他们成为发挥重要作用的领导者。他们为了成功也付出了代价，他们也经常引起分歧、做事不讲道德原则、行为很有破坏性。他们是你们公司内部的天生独裁者，以及国家的天生独裁者。

一位精神变态者的创业经历

李先生不愿意为软弱愚蠢的老板效力。因此他对合作者们说打算独立创业，开办主要向油气公司提供咨询服务的新业务。由于这些合作伙伴都没有这方面的工作经验，他们就让李先生自己先行动起来。

李先生很有抱负。他努力苦干，很快就赢得了客户。他能够吸引客户，通过建立一个敬业的团队确保客户获得高质量的服务。他要求团队100%忠诚于自己，而他自己也100%忠诚于他们。为报答全职工作，李先生始终为他的团队成员发放丰厚奖金，论功晋职。谁要是表现出99%的效忠之心，就会被除名。谁要是胆敢同他作对，也决不饶过。因此谁也不敢违抗他的旨意。

实际上他已经建立了自己的公司，按着自己制定的规则经营运行。关于如何获得成功的经历，曾经有过各种负面传闻。但是只要利润源源不断，有关质疑也就不太寻根究底了。

◎ 给领导者的教训

尽量理解，不做评判

对于精神变态者获得成功感到义愤，这是一种自然的反应。但是自然发生的事情未必都是好事情：洪水、地震、死亡与疾病都是自然发生的事情。对于精神变态者，我们不应该急于评判，而应该尽量理解他们。这样你就可以向他们学习，学会如何发现他们，学会如何同他们打交道或者回避他们。

照镜自查，引以为戒

我们全都有精神变态的倾向，有的好，有的坏。每当面临巨大压力时，即使最体面的人也会把自己放在第一位。这样便容易漠视道德原则，一心要摆布别人，操纵事实与事件，不能完全设身处地为他人着想。

当心精神变态者

他们很想摆布别人。他们知道怎样撒谎，怎样开展斗争，因为他们有着丰富的实践经验。你不可能战胜他们，因为你的经验不足。所以你面临着选择。你可以决定支持他们：最优秀的精神变态者知道他们需要一个好团队，对你非常忠诚……只要他们对你还有用。另一个选择是避开精神变态者，寻找更好的同事开展合作。

避免乱贴标签

将某人称为精神变态者是一种轻率的侮辱行为。但是侮辱别人无济于事。把诊断的事情交给医生，尽管他们对于谁是精神变态者也难以达成共识。

当心你的公司

大多数公司都具有精神变态者的特点，他们根本没有同情恻隐之心，没有道德原则。不断出现的公司丑闻表明他们没有道德原则已经到了何等程度。许多新型经济体公司中的正常工作与环境情况显示，道德与同情恻隐之心不受重视。同精神变态者一样，公司也会支持你，对你忠诚，以回报你的忠诚与努力……直到他们确定不再需要你。

◎ 结论

这一陷阱建立在大量的事实基础上。身为一名精神变态者有利于走向领导岗位，但是未必能使你成为一名优秀领导者。2 个独角兽评分。

陷阱 25

领导者必须通情达理

世界从来不是由通情达理的人改变的。

◎ 陷阱 25 的本质

对别人说他们不通情达理，这无疑是一种侮辱。作为一个社会，我们重视理性。18 世纪经历了启蒙运动，所以 18 世纪也称为理性时代。当时科学方法最终取缔宗教信仰，成为解释探讨世界的新方法。这一时期整个欧洲开始在科学技术方面取得巨大进步，为工业革命和改造社会奠定了基础。理性成为文明的标志。领导者都要受过良好教育，能够凭理性行事。理性在社会与领导力中占据着核心地位。

理性的影响力直接渗透到商业领域，促成了科学管理法的兴起，其领军人物就是弗雷德里克·泰勒。如今他提出的方法被视为仅仅重视时间与动作两个因素，这是不公平的。他一直非常合理地考虑人的因素，由他提出的方法极大地提高了生产率。亨利·福特推出的革命性生产线中就采用了泰勒的科学管理法，极大地改变了汽车行业的面貌。

领导力仍然建立在理性基础上。IT 系统日益变得更加强大，比以往产生出更多数据。对数据的需要永无休止，以帮助领导者获得洞见，做出合理决策。战略顾问们拿出大量数据证明自己的研究结果符合理性。超级数据时代也是超级理性时代。

因此问题似乎得到了解决：领导者需要理性与逻辑，需要通情达理。不通情达理的人被视为野蛮、反复无常，难以共事。

领导者都不希望自己不通情达理，对吧？

◎ 为何这一点很重要

最优秀的领导者都不通情达理。他们认为，接受理性就是接受失败。为何有时难以成事，为何必须延长最后期限，降低目标，其中总有一些原因，总有原因阻碍你追逐自己的梦想。

世界从来都不是由通情达理的人改变的。伟大帝国不是建立在理性基础上，无论是疆域帝国，还是商业帝国均不例外。

亚历山大大帝是个通情达理的人吗？

亚历山大大帝出生于古希腊文明边缘地区一个无足轻重的城邦。如果他是位通情达理的人，当年他就会在城邦里四处闲逛，装出一副文明人的样子。他的父亲聘请了当时的著名哲学家亚里士多德培养他，希望他能够进入文明世界。

亚历山大也许接受过逻辑与理性方面的教育，但是他并不通情达理。他从平凡的故乡起步，在 30 岁那年征服了整个文明世界与其他地区。同有史以来的无数征服者一样，他在当代的阿富汗地区遇到了自己的对手。

从那时起，他在西方世界一直被称为“亚历山大大帝”。与此同时，有谁听说过“通情达理者”亚历山大？成就伟业与通情达理，两者水火不容。

在商界，精神正常的人绝不会力争去接管在科技与市场两方面均占有垄断地位，实力雄厚，交易额达数十亿美元的公司。但是信心满满而理性不足的人却敢这样做，并且能够获得成功。在表 25.1 列出的每种情况下，原有的业内霸主绝不会想到他们将受到当今挑战者的威胁：或者挑战者根本不存在，或者他们实力不济，无须担忧。

表 25.1　挑战者与业内对手

挑战者	业内对手
瑞安航空公司	英国航空公司
天狐公司	英国广播公司，哥伦比亚广播公司
丰田公司	福特公司，通用汽车公司
戴森公司	胡佛公司
亚马逊网站	巴诺书店
Spotify, Deezer, Tidal	华纳公司，环球唱片公司，索尼公司
优步公司	出租车公司
谷歌公司	百科全书出版商，地图出版商，分类广告，印刷媒体

在很多情况下，新崛起的挑战者一开始都没有制订出详尽的商业计划。瑞安航空公司（总部设在爱尔兰——译者注）一开始只有一架飞机、一个构想，而现在它却是欧洲客运量最大的航空公司。[1] 在每一种情况下，同理性相比远大抱负更为重要。

理性与远大抱负之间的矛盾如今反映在战略思维上。制定战略的传统方法要求聪明的分析人员发挥主导作用，他们常常要处理大量的数据。这是迈克尔·波特提出的 5 种竞争力 [2] 与波士顿咨询集团提出的增长模式组成的世界，也是由图表与“2×2”矩阵组成的世界，分析人员从中可以洞察未来，更是艾萨克·牛顿能够看到的行为与反应皆可预测的世界。这样一个理性世界也许对行动迟缓的遗产公司有帮助，但是对于那些不安分守己，想要改变竞争性质的暴发户们毫无益处。

C.K. 普拉哈拉德与加里·哈默尔以其战略意图与核心能力的思想，带头向理性发起了挑战。[3] 他们鼓励领导者行事果敢，制定大胆的目标，然后培养实现这些目标的工作能力，同时从根本上改变竞争条件。他们从大卫与戈利亚斯那里明白了这一点：不要按照巨头的标准进行战斗。

领导者不喜欢被人说不通情达理，或者是冷酷无情。然而即使是最优秀的领导者在实现目标的过程中也会变得冷酷无情。他们也许会将这一点称为"客观理智"。但是如果你被这种锋芒刺到了，你便会感到非常冷酷无情。

客观理智，还是冷酷无情？

萨拉和安妮大学毕业后，同时成为学校教员。她们两人在学校就职的过程中担负的责任越来越大。20 多年来，她们一直是亲密好友。两家人一同去度假，常在周日一同吃午餐。

后来，萨拉被任命为校长。这次任命大受欢迎，因为教师们都喜欢萨拉。她的朋友安妮担任了数年英语教学主任。

萨拉对学校的情况进行了调查评估。结果发现，要想为学生们提供优质教学服务，就必须对教师队伍进行整顿。有几位教师不够优秀，拖了学校的后腿。安妮当时担任着英语教学主任的重要职务，也是影响学校教学质量的几位关键教师之一。于是，萨拉尽可能妥善地解雇了安妮。

长期结成的友谊很快就因此结束了。但是学校的教学工作却有了很大起色。萨拉确信自己做得对。这样做是客观理智，还是冷酷无情？

◎ 给领导者的教训

领导者需要有选择地不讲情理，管理人员则需要通情达理。下面列举出了三个你可以忘记通情达理的工作环节：

为了自己的远大抱负应该不讲情理

领导者带领人们实现他们自己不可能实现的目标。这意味着你必须敢于驱使人们使出看家本领，挑战他们的极限。大多数人都会迎接挑战，并因此得到发展。

为了追求梦想应该毫不留情

领导者承担的一个关键任务是建立可以实现目标的团队。归根结底，组织的生存比个人生存更重要。如果必须要让一些人离开团队，你只能这样做，别无选择。

不要理睬各种借口

对于各种借口，既不要接受，也不要否定。借口具有危险性，原因有两个：借口是向后看，不是向前看，另外借口可能成为不作为的理由。如果原来的目标需要参照原来的计划趋势线，那么不要在意各种借口，应该重点关注接下来需要做什么。

你会怎样做？

1928 年发现了盘尼西林，[1]但是难以大批量生产。只是在第二次世界大战期间，美国才最终找到了大批生产这种救命神药的方法。

最早生产出的一批盘尼西林运到了埃及，给当地的英国军官出了个难题。他们可以将这批药品用在混迹于开罗与亚历山大两地娱乐场的军人身上。只要使用少量盘尼西林就可以治愈他们，使他们重返前线。也可以将更多的盘尼西林用在一些负伤的战斗英雄身上。他们当中有些人可能会死去，还有一些人可能会活下来，但是使用盘尼西林就不一样了，能够拯救他们当中一些人的生命。

这些英国军官给伦敦发电报，询问丘吉尔应该怎样做。是救治负伤的战斗英雄，还是将到处闲逛的军人送回前线？

丘吉尔的选择非常明确："把药用在形成最强军事优势上。"用盘尼西林让尽可能多的军人返回前线。目标是打败敌人，不是救治伤员。

当领导者有着非常明确的目标时，为了实现目标他们就会变得冷酷无情。

◎ 结论

我们也许需要通情达理的领导者，但是领导者必须有选择地不讲情理，不留情面，这样才能完成工作任务。通情达理的人很少相信“独角兽”，很少能成为领导者。这本应使陷阱 25 成为获得 5 个独角兽的陷阱，但实际上只获得 4 个，因为领导者实际上是有选择地不讲情理，不留情面。在 90% 的时间里他们会通情达理，但是在关键时刻他们会变得不讲情理。4 个独角兽评分。

陷阱 26

高效领导者都是经验丰富的领导者

最优秀的领导者未必总是经验最丰富的领导者。

◎ 陷阱 26 的本质

这一陷阱出现在各种阐述领导力培养与领导力理论的书籍当中。层出不穷的各种培训班全都触及领导力的不同方面。大多数培养领导力举措的核心观念是：有一些已知的技能与能力均可以明确其具体内涵，由新手领导者学习分享。这些培训班的质量相差很大：有些可以改变生活，而另一些培训班则是提供及时处理积压的电子邮件内容的机会。

总的来说，经验老到的领导者有可能比经验不老到的领导者工作效率更高。但是仔细看一看你遇到的那些领导者就会发现，所有的领导者都有弱点，并非所有的领导者都是公司里面经验最丰富的人。在一定程度上，这是由“金鱼缸效应”产生的结果。领导者好像生活在金鱼缸里，他们的一举一动、每一个缺陷都被别人看得一清二楚，随时被评头论足。而在死气沉沉的角落里生活比较平静，你身上的任何小缺陷都不会那么显眼。

如果最优秀的领导者不总是经验最丰富的人，那么他们一定还有其他过人本领。是否还有未知因素将最优秀领导者同其他人区分开来呢？

◎ 为何这一点很重要

掌握本领是必要的，但是对于领导者而言还不够。如果我们想要寻找未来的领导者，并且帮助他们崭露头角，我们就应该知道除了本领以外，领导者还需要什么。

研究表明，最优秀的领导者行事方式与众不同，因为他们的思维方式与众不同。[1] 这一点表现得非常明显。更加使人感到吃惊的是，最优秀领导者的思维方式具有连贯统一性，不同于企业的寻常思维方式。有利的一面是，这些思维方式同你的 DNA 没有任何关系，它们只是一些任何人都可以用学习任何技能的方式来掌握的思维习惯。熟能生巧，即使你永远成不了超级明星。

◎ 给领导者的教训

下面是最优秀领导者有别于其他人的七种心态：

胸怀大志

以企业的角度来看，胸怀大志就是卓越。应该不断提高自己，成为同行中的出类拔萃者。卓越就其本身而言是件好事，但是还不够。除了卓越以外，领导者还要力争看到自己能够改变什么：他们是否能够改变游戏规则，或者发现一种截然不同的工作方法？这涉及发挥重要作用，开创新局面，意味着超出企业的思维定式，去冒更大的风险。

凡是坚定不移履行自己所信使命的领导者，都会迅速衍生出其他心态。他们能够找到冒险的勇气，克服挫折的韧性，以及可以和取得成功的盟友合作。对于自己充满信心的事情，他们能够始终不懈地抱着积极态度，随时准备做出看上去不近人情的艰难决定。

敢作敢为

冒险有时也不一定获得成功，这就是冒险的本质。如果你从未失败过，那说明你冒的险还不够多。一直奏效就不是冒险。大多数领导者都是屡经失败与挫折才获得成功。这便会产生奇怪的效应：遇到的挫折越多，你就越善于应对挫折。如果你从未失败过，你就没有可以依靠的经验或适应能力。

承担责任

企业的问责制是不公平的，有揽功推过的倾向。另外它也局限在“问责就是负责”的框架内。领导者至少以三种不同的方式看待问责制：

• 超越狭隘的个人问责范围，积极寻求责任。通过影响力、信任与支持网络建立起个人权力，这样你的权力就不会受到工作职位的制约。

• 广泛表扬，避免责备。这样做对于团队的积极性与信任感能够产生很大的积极影响。

• 控制好自己的情绪，表现出领导者的风范，不流露出愤怒与失望的情绪。

良好心态

有时良好的工作心态就是让员工们彼此道一声“祝你愉快”，尽管一时想说“滚开吧”。拥有良好心态并不是告诉别人要有工作热情，而你自己却延误工作，减轻工作负担，重新安排工作或者将工作任务外包出去。积极心态来自于内心深处：在工作中寻找意义；多往好处想；着眼于未来，不要沉湎于过去；积极行动，不要只顾分析；要看到机会，不要只看到问题。

开展合作

在企业来说，开展合作涉及团队工作，但实际情况是许多管理人员觉得难以放手，不轻易将任务分配给团队成员，不轻易信任同事。卓越的领导者拥有卓越的团队。他们很有合作热情，因为他们必须这样：工作不可能都由他们自己去完成。拥有卓越的团队，可使每个领导者集中时间精力发挥最大的领导作用，其他一切工作任务均可以分配下去。

不断成长

担任领导职务是一个工作历程，具体环境与生存、成功的法则都在不断变化。这要求领导者必须不断学习，不断适应新形势。它不像学习水电工的手艺或者法律工作的技能：只要掌握已知的知识与技能体系就行（然后在工作中继续加以补充），你必须不断更新自己的成功模式。

不讲情面

开创新局面需要客观理智，坚决果断地行事：做出艰难决策，开展艰难而富有建设意义的谈话；制定较高的超越性目标；不接受任何借口；允许团队成员进出流动。安逸的生活会避免这些艰难的时刻出现。但是担任领导职务可不是为了贪图安逸的生活，而是为了开创新局面。

◎ 结论

领导者确实需要丰富的经验（0 个独角兽），但是这还不够。最优秀的领导者还需要正确的心态。如果我们将心态称为“思维习惯”，那么心态也可以通过学习加以培养。因此这个陷阱的独角兽评分仍然是 0。但是领导力不仅仅是“懂得什么”的技能，也包括懂得如何行事的技能以及正确的心态。这一陷阱所得评分为 2 个独角兽。

Myths of Leadership

Part

4

我们知道领导者如何获得成功

陷阱 27

领导者仅依靠个人优点就能获得成功

领导者创造自己的运气。

◎ 陷阱 27 的本质

从历史上看，一个人的优点同领导力没有多大关系。对于担任领导者职务的主要要求是出生在合适的家庭里。有个好父母仍然对你很有利（参见陷阱16）。但是如今人才更多，竞争也更激烈。因此优点似乎成为决胜必备因素。大多数领导者支持优点原则。他们倾向于认为自己依靠优点而非运气获得了成功。

但是还有一种观点认为，运气很重要。这不仅仅是那些差一点获得成功，责怪运气不好的失败者们的一面之词。许多反思型领导者经常这样说："当然了，我的运气很不错……但是好运气也是我自己创造的。"失败与成功之间的差距经常是很小的。谁都有可能拿到合同，或者得到晋升机会。成功就是在刀刃上冒险。

职业生涯好比体育竞技，一些很有才华的人相互竞争，成功与失败两者差在咫尺之间。输掉的一方通常在任何游戏当中都会"诅咒"自己运气不好。解决办法往往是在联赛当中（比如美式橄榄、篮球、足球）多次参赛，只要在一个赛季里运气就会好起来。运气最好的球队成为冠军。因此淘汰赛非常激动人心：经常出现一些预料不到的场面，处于劣势的球队可能胜出，运气起着很大作用。

职业生涯更像是一场淘汰赛，而不是联赛。你不能无休止地重新开始自己的事业，就像影片《土拨鼠日》里担任领导职务的比尔·穆雷那样。你必须一开始先在事业上一试身手，随后可以通过加盟另一家公司，创建新的公司东山再起。但是一生中能够东山再起、重新创业的次数毕竟是有限的。

那么，成功在多大程度上取决于运气或个人优点呢？

◎ 为何这一点很重要

这一陷阱强调个人优点，它之所以很重要有两个原因：

薪金与奖励

认为成功取决于个人优点，这一点至关重要。如果成功没有建立在业绩基础上，就没有理由支付领导者丰厚的薪金与奖金，让他们享有优先认股权以及递延补偿待遇。如果没有个人优点，领导就仅仅是幸运的“彩票中奖者”。

信任

如果人们认为领导者不是因为拥有个人优点才走上领导岗位的，那么领导者就不会得到信任。你为什么要信任一个因为运气好，或者通过邪门歪道获得成功的人呢？有证据表明，人们对精英人物的信任正在迅速消失。只有 35% 的人相信商界领导者讲真话，只有 22% 的人相信政府部长讲真话。[1]

如果领导者得不到信任，他们就很难发挥领导作用。个人优点、信任与领导力这三者密切相关。

◎ 给领导者的教训

运气很重要。众所周知，拿破仑就喜欢运气好的将军，直到他遇到了对手惠灵顿。他是对的。他明白领导者的运气不是随便得来的，领导者创造了自己的运气。你会怎样创造自己的运气呢？下面透露一个如何成为“最幸运在世领导者”的诀窍：你要做的一切只是掌握三个领导力关键要素——锲而不舍、勤于实践、全面看问题。[2]

锲而不舍

领导者也像企业家一样习惯了失败的感觉，除非他们不承认失败。每一次挫折都使他们向成功迈进了一步。他们对于自己以及自己的使命有着不可动摇的信念。丘吉尔经历过一系列政治失败。他将两次世界大战中间的 20 年称为他的“荒原岁月”。遭遇排斥 20 年，这样的经历足以击垮大多数人，但是丘吉尔一直没有放弃。1940 年他成为英国首相，66 岁时找遍了他人生中最美好的时光。失败与成功之间的差别常常在于是否放弃。

是不断失败，还是不断走向成功？

有位领导者一开始是个走门串户的推销员，向家庭主妇们销售一些厨房用品。一般来说，你可以想象得到，每敲100次门就会有99次遭到拒绝。日复一日遭到这么多次拒绝，你如何面对这种局面呢？他是这样说的：“每次人家当着我的面用力把门关上时，我就想，‘我离成功又近了一道门。’”凭着这一信念，最终他获得了成功。不过他干的却是另外一个不同的行业：成立运行一个大型第三方数据中心。

勤学苦练

富有传奇色彩的高尔夫球冠军阿诺德·帕尔默曾经说过：“我越是刻苦训练，运气就越好。”[3]确实如此。一个业余高尔夫选手的五米推杆成功率只有20%。通过训练，成功率可由20%提升至40%。训练强度大的专业选手最终可将成功率提升至90%。通过训练，幸运的击球可变成熟能生巧的击球。

勤学苦练不仅仅是锲而不舍。锲而不舍意味着一直做下去，而勤学苦练则意味着从经验（无论好坏）中增长才干。只有丰富的经验还不够，还必须总结经验，有所收获。

全面看问题

尝试一下这个练习。想想今天遇到过的所有坏事：不替别人着想的司机、对你不利的交通灯、令人恼火的电子邮件、冗长乏味的会议。你的运气好吗？再想想遇到的所有好事。在温暖的房屋里醒来，享用冷热两种自来水，在很大程度上摆脱了由战争、疾病与饥荒带来的恐惧。所有这些好事均使我们成为人类史上的幸运者。现在你觉得运气好，还是不好呢？有时运气只不过是我们选择的一种感受方式。

全面看问题也关系到发现机遇。实际上我们周围有很多机遇，但是只有积极寻找，才能看到机遇。在一次著名实验中，要求目击者观察篮球在场上不跑动的运动员之间的传球次数。录像时，有人穿着大猩猩服装走进了球场，围着运动员跳舞，然后又退了下去。只有不到 1/4 的目击者看到了大猩猩。大多数目击者不相信球场上出现过大猩猩。当时他们在忙着数传球次数。[4]

任何公司都会遇到各种危机与机遇，会出现情况不明朗的时候。只要主动寻找，就会找到它们。对于企业家而言，这个世界充满机遇，前提是你要有勇气迎接挑战。

当然领导者都是幸运的，因为他们可以创造自己的运气。

◎ 结论

领导者获得成功既靠个人优点，也靠运气。这意味着运气在很大程度上也值得重视。这一陷阱所言属实。但是为了承认也需要某种运气，这一陷阱获得 2 个独角兽评分。

陷阱 28

领导者只需遵循适者生存理论

要想名列榜首，首先必须跑完全程。

适者生存不是一个陷阱，而是两个。这两个陷阱是：

- 领导者便是“适者”。
- 成为领导者涉及生存问题。

我们将对这两个陷阱逐一进行探讨。

◎ 第一个陷阱的本质：只有先成为“适者”，才能成为领导者

在一定程度上，这是一句同义反复的话语。如果成为领导者的人最适合担任这个职务，那么他肯定是最合适的人选。然而这并不是该陷阱的标准形式。该陷阱的标准形式可见于出现在商业媒体上阿谀奉承式的领导者简介中。有一些领导者（通常为男性）喜欢将自己标榜为全能的超级英雄。他们平时比别人早起床三个小时，跑完铁人三项马拉松后，就匆忙上班去改变公司面貌。

为何这一点很重要

这一陷阱提出了重要问题：你是否需要符合要求才能发挥领导作用？担任当代领导职务的要求是否非常苛刻，需要每周 7 天，每天 24 小时都要忙于工作，只有符合要求的“适者”才能在马拉松式的领导工作中生存下来？

有充分证据表明，你不必成为铁人运动员也能发挥领导作用。温斯顿·丘吉尔在年轻时身体很棒，也曾经参加过英国历史上最后一次骑兵冲锋作战。[1]他在 1940 年成为英国首相时已经 66 岁，身体肥胖，可能还酗酒，患有抑郁症。无独有偶，美国总统罗斯福的健康状况也不好。患有小儿麻痹症的罗斯福总统在 1940 年被查出患有高血压、动脉硬化、能引起心绞痛的冠状动脉疾病以及慢性心力衰竭等疾病。[2]即使当今那些超级健康的神奇小子们也会觉得打一场世界大战难度很大。罗斯福与丘吉尔都算不上是健身行业的性感美男子。

但是有一个方面却使健康在领导业绩上发挥着作用。这就是睡眠。

人们历来认为睡眠就像是吃午餐一样：适合窝囊废。[3]在顶级投资银行与咨询公司就职的毕业生，在过渡时期接受考验时常常彻夜工作，或者至少喜欢让别人看到他们将外衣扔到办公桌上，彻夜当班工作。

这样做大错特错。看重员工彻夜工作表现的公司，如果发现员工第二天早晨醉酒上班，有可能将他们辞退。但是研究表明，饮酒与睡眠不足会对工作产生相同的影响：反应变得迟钝，判断力下降。[4]睡眠状况对于第二天发生车祸可能性的影响列举如下：

- 6~7 个小时的睡眠：使发生车祸的风险增加 1.3 倍。
- 5~6 个小时的睡眠：使发生车祸的风险增加 1.9 倍。
- 4~5 个小时的睡眠：使发生车祸的风险增加 4.3 倍。
- 不足 4 个小时的睡眠：使发生车祸的风险增加 11 倍。

不要再愚弄自己了。如果睡眠不足，就不可能处于最佳工作状态。

给领导者的教训

有利的一面是，不必超级全能也能够获得成功。但是你需要身体健康，睡眠质量好。保证睡眠质量，真的可以使你进入最高领导层。

◎ 第二个陷阱的本质：成为领导者关系到生存问题

领导者不必成为最合格的“适者”，但是他们必须生存下来。在这个世界上有许多杰出人物尚未迎来成功，便惨遭淘汰。航海界有一句话说得好：要想名列榜首，首先必须完成全程。如果一开始快，但是中途翻了船，这样便毫无意义。

对于领导者而言，失败与成功的差别只在于是否放弃。

为何这一点很重要

所有的领导者都经历过事业中的黑暗时期。这些时期可能非常艰难，使人感到非常孤独。在别处寻找安宁生活的诱惑可能大得难以抗拒，随后又萌发了在佛蒙特州入住素食农场的梦想。如果你想追逐这个梦想，也是应该的。领导工作是一段既令人激动，又充满挑战的历程，但并不适合每一个人。如果你想将这个工作历程继续下去，就需要具备或者培养度过顺境与逆境的适应能力。

给领导者的教训

幸运的是，有大量的证据支持培养适应能力这一做法。大量的有关实践活动在纳粹集中营[5]与越南战俘营[6]这种极端环境里展开过。如果你能在这种条件下生存下来，你也很可能在领导工作的各种挑战中生存下来。

下面介绍十个培养适应能力的方法：

1. 在你所做的事情当中寻找意义。作为领导者，你应该带头发挥作用，开创新局面。这是一个值得肯定的贡献。

2. 掌控局面。外在压力与心理压力之间的差别在于控制能力。大多数人在面临压力时做出的反应胜过没有压力的时候。当你面临着外界压力，而且由于必须依靠别人或其他事件而没有任何控制能力时，心理压力便会骤然增加。实际上你永远不可能控制住你需要控制的一切。所以应该寻找在你的事业生活中寻找自己能够控制的因素，力争获得最佳结果。

3. 抱着积极态度。全力关注自己能做的事情，积极行动起来。总有许多你做不到的事情，所以没有必要为此担忧。即使只有一件事情你有能力做，也要放手去做。

4. 适应力强。两点之间的最短路径可能是一条直线，但如果你逆风航行，那么最快的也是唯一的方法就是“之”字形。这意味着当事情出错的时候，你总是需要一个“B计划”。正如迈克·泰森优雅地说的：“每个人都有一个计划，直到他们一拳打在你嘴上。”[7]你的B计划是什么？

5. 寻求支持。不要一人苦苦支撑。

6. 往好处想。事情不顺利时，容易认为一切都暗淡无光。不要让自己失望。无论在专业方面还是在个人方面，你都会有很多可以依靠的有利因素。专业方面，你拥有值得重视的技能与经验。个人方面，我们都很幸运地一开始就摆脱了饥荒、战争与疾病。

7. 全面看问题。每个人都会在成功的道路上遭到失败。篮球界传奇运动员迈克尔·乔丹说过：“我在职业生涯中有9000个球没有投中，输掉了近300场比赛。有26次队员们期盼我能投中比赛绝杀制胜的一球，结果我却没有投中。我在生活中三番五次地接连失败过。这就是为什么我最终获得了成功。”[8]

8. 发挥幽默的作用。英国皇家海军陆战队突击队即使在训练中也能看清极端逆境。他们并不谈论生存逆境。他们的四个核心价值观之一是：“在逆境面前保持乐观。在逆境面前保持乐观是他们的四大精神特色之一，只有发挥幽默的作用才能体现出来。虽然在别的地方幽默并不一定被视为一种专业素养，但它实际上却是英国海军陆战队突击队的一个基本处事行动方式。”[9]保持乐观是对抗逆境的最重要手段。

9. 拥抱逆境。适应能力好比信用卡，用的次数越多就越顺手。同勇气一样，你可以通过身临其境接受考验和施展才干的方式有效增强自己的适应能力。如果总是过着舒适的生活，就不可能培养出在逆境中支撑自己所需要的适应能力。

10. 喜欢自己所做的事情，因为你只擅长自己喜欢做的事情。无论想擅长任何事情，必须专心致志，心无旁骛；必须投入时间，做出牺牲。作为专业人员，每当有重要工作需要完成时，我们都能专心致志地工作一两个月。但是如果不喜欢自己所做的事情，便不可能持续这样努力地工作几年或者几十年。你必须在自己的工作中获得快乐和成就感，否则你的生活就不会有多大乐趣。喜欢自己的工作并不是“有了更好”的一种状态，而是“必须拥有”的一种状态。

◎ 结论

上述陷阱只有一半是对的。无须成为最合格的“适者”也能发挥领导作用，但是你必须符合要求，处事机警。你需要有锲而不舍的精神才能生存下来，但是生存下来只能使你走上工作岗位，并不意味着你正在发挥领导作用。这是担任领导工作的一个必要条件，但不是充分条件。只有一半正确的陷阱获得的 3 个独角兽评分。

陷阱 29

你懂什么并不重要，重要的是你认识谁

在领导工作的历程中，领导者既需要才干，也需要人脉。

◎ 陷阱 29 的本质

有史以来，各种阴谋论认为世界是由躲在暗处的秘密小集团统治的。光明会、主业会、共济会等组织都曾经被告发过。如果一个组织不对外开放，就会引起纷纷议论。不仔细看的话，谁也不会将共济会成员视为我们的命运主宰者。如果你在位于伦敦霍尔本的大教堂附近一处咖啡馆前闲逛的话，就会看到许多装扮得像退休管家似的老男人，下车后直奔大教堂，似乎是为了品尝速溶咖啡。他们看上去像是休闲一天的退休公务员，而不是任何方面的大师。阴谋论者会说，那证明他们多么善于掩盖由资历更深的秘密共济会成员策划的邪恶阴谋。你永远不可能彻底反驳一个像模像样的阴谋论。

在商界有一个常见的说法，即就业机会都留给了人脉圈内的人。这些人脉

圈的特点不尽相同。有时指的是校友关系，如果你念对了学校，所有的校友都会相互帮助谋得一份最棒的工作；有时人脉圈指的是清一色男士俱乐部成员，他们经常在洗手间里密谋如何将女士们挤出一流工作岗位。另外一些时候，人脉圈指的是高盛集团与麦肯锡公司[1]那样的顶级著名公司人脉关系网，他们可以将高级主管直接空降到商界与政府部门的重要工作岗位上。有关看法是，这些校友人脉圈是为自己服务的，校友们将生意与就业岗位推荐给以前的雇主。

有些证据表明人脉确实有用。麦肯锡公司的校友们当上了 150 多个交易额为 10 亿美元（或更多）的公司首席执行官。但是相关性同起因不是一回事。对于麦肯锡公司顾问获得成功做出的天真解释是：他们都很精明，非常发奋努力，受过专业训练，拥有良好的策略技巧。换句话说，他们天生就适合当首席执行官。

也许你认识谁很重要：法国国家行政学院及其毕业生[2]

法国国家行政学院的宗旨是：使人们进入政府最高部门的过程变得更加公开，更加民主。要想进入法国国家行政学院就读，必须参加面向所有考生的高难度考试（分为两个部分）。每年只有一百名学生从这所学校毕业。同每年新招数千名考生的哈佛大学、牛津大学与剑桥大学相比，法国国家行政学院确实很有排外性。凡是从这所学校毕业的学生均被称为“国家行政学院人”（Enarque），他们非常聪明并享有很多特权。

自二战后成立以来，法国国家行政学院已经培养出十位法国总统或首相，64 位部长以及许多重要国际机构的领导人。这些重要国际机构包括联合国教科文组织、国际货币基金会、欧洲人权契约、欧洲中央银行、欧洲复兴发展银行以及欧洲委员会。另外这所学校至少还培养出了法国 20 家著名公司的首席执行官。

在针对法国国家行政学院毕业生所展开的研究中，人们惊讶地发现他们全都彼此相识，了解校友们在毕业生名单中所处的地位。这的确是一个联系紧密的群体。

结果很奇怪：成立法国国家行政学院的宗旨是为了使人们进入法国社会高层的这一过程变得更加公开，然而它所起的作用却适得其反，使这一过程变得更加封闭了。如果你是法国国家行政学院的毕业生，你就进入了通向法国社会上层的快车道。如果你毕业于其他学校，就必须加倍努力才能获得成功。也许古老的校友裙带关系确实重要。

◎ 为何这一点很重要

在领导历程中，领导者既需要才干，又需要人脉关系。这并不是非此即彼的选择。

◎ 给领导者的教训

在工作实践中，领导者既需要才干，又需要人脉关系。本书大部分内容重点阐述工作才干，以及为了获得成功你需要做的一些事情。本节关注的重点不是你懂得什么，而是你认识什么人：要建立自己的人脉关系网。

加入有影响力的人脉关系网

如果你真的认为通过麦肯锡公司可以进入最高层，那就加盟麦肯锡公司。这时你会发现，要想进入这个人脉关系网，你必须有才干。才干与人脉关系网相得益彰。你懂得什么与你认识谁都很重要。

如果你认为光明会、主业会或共济会是通向高层的跳板，你可以加盟他们。但是如果身穿华丽服装，效仿拜占庭礼仪也不能使你感到开心，一定要做好失望的准备。

实际上，这些人脉关系网并不具有神奇的作用。麦肯锡公司的校友虽然当上了交易额达 10 亿美元的公司首席执行官，仍然有 1922 家销售额达 10 亿以上[3]的公开上市公司，而且还有更多家私人公司。如果麦肯锡公司的校友有一半仍然担任领导职务，那么在 4000 家公司当中有 75 家公司由麦肯锡公司的校友们负责管理运行着。这使你还有 98% 的机会，因为这些公司的首席执行官不会是麦肯锡公司的校友。你有许多可以获得成功的机会。

建立自己的人脉关系网

自己的人脉关系网对于你担任下一个职务会有很大帮助。尽管估算结果不一致，但是 40% 至 85% 的就业机会是通过人脉关系找到的。即使最低估计也表明，你的个人关系网能发挥很大作用。

你自己的最重要人脉关系存在于你当前就职的公司里。你不可避免地会结识一些同你的级别接近或相当的同事与团队成员。这是一个有助于履职办事的重要人脉关系网，但是你还需要一个可以使你拥有下一次机会的人脉关系网。你至少要对人力资源部门的人好一些。他们知道有可能出现什么机会，从而使你提前为抓住机会做好适当准备，获得捷足先登的优势。

在公司里，你还需要有一两位有影响的引路人。他们至少比你高出两个级别，深谙政治利害关系，可以保护你。他们可以帮助你避免分摊到艰巨乏味的任务，引导你获得更好的机会。担任高级职务的人总是喜欢得到别人的恭维，总是渴望了解当前的情况，在新观念与新挑战方面总是需要得到谨慎的帮助。你应该对他们有所帮助。你应该成为对他们有用的人。

最后还要注意建立自己在业内的人脉关系网，树立个人形象。出席各种业内会议非常有助于了解竞争对手、供应商与买家在想些什么，做些什么。这些会议还非常有助于你发现潜在的个人机遇，树立个人形象，拓展人脉关系网。像领英那样的网站会把你介绍给外界，但是你需要通过同别人亲自见面建立起良好的朋友关系与信任关系。

◎ 结论

是你懂得什么重要，还是你认识谁重要？作为领导者这两点你都需要。因此它只能算是半个陷阱。我们只好接受 3 个独角兽评分，而不是 5 个独角兽评分。

陷阱 30

权力来自你的职位

领导者无法仅仅依靠正式赋予的权力来取得工作成就。

◎ 陷阱 30 的本质

公司历来是按照军事方式组建起来的。这样做不无道理，因为在工业革命以前，教会与军队是仅有的两个大规模组织。同教会相比，军队更能使人清楚地认识到如何将大批人组织在一起。时至今日，我们仍然可以听到这种军事遗产的回声，因为公司经常讨论开展争夺战，打几场战役，坚守岗位，设置分部与长官。

这种军事遗产仍然作为指挥控制等级系统继续存在着。即使正在精简机构的公司，也有层次分明的工作委派系统。不同的职位被赋予不同的权力。不同的职责，被赋予不同的权力。有的人拥有预算权，有的人拥有批准权。在大公司里做出决策，就像是一场拜占庭式的神秘、复杂而死板的活动。你会发现许多人拥有表示否定的权力，没有人愿冒风险表示肯定。实际上大多数公司的审批系统都是否决系统。想要成功，就必须避免遭到否决。

一旦人们拥有了权力，就要千方百计地守住它。拥有的权力越小，对它加以保护的力度就越大。要求一位保安运用常识而非采用愚蠢的处理方法，这肯定是徒劳无益的。他们只遵循这样的逻辑：你把那个东西拿走就等于砸了他们的饭碗。

◎ 为何这一点很重要

工业革命以来世界发生了重大变化，公司的性质也发生了很大变化。大型公司以前就像是建有围墙的中世纪城市一样，自身包含着为生存所需的一切要素。众所周知，从 1928 年到 1945 年，福特汽车公司甚至在巴西建立了福特兰迪亚与贝尔泰拉橡胶种植园，以保证橡胶供应商。[1]

公司的围墙拆掉了，公司也对外开放。他们的专业化生产运营程度越来越高，依靠着由供应商、合作伙伴与客户组成的复杂网络系统。

在公司内部，职能部门与业务单位之间的无形围墙也正在消失。功能性的筒仓是指挥与控制型公司的标志，业务组合矩阵则是当今许多公司的特点。

在这个新世界里，领导者不能仅仅依赖正式赋予的权力来取得工作成就，因为任何一位领导者不可能拥有足够的正式权力。从前权力与责任是相称匹配的，如今领导者的责任往往大于他拥有的权力。

领导力革命最终取代了工业革命。从前领导者通过他们管控的人员开展工作，如今领导者通过不受他们管控的人员开展工作。这意味着领导者必须学会在不拥有正式权力的情况下发挥领导的艺术。在影响别人、影响决策、影响事件进程方面，他们需要掌握一套全新的技能。

◎ 给领导者的教训

领导者仍然从他们担任的职务中获得权力，但是这还不够。他们还需要在公司内建立起同信任与影响力有关的人脉关系网，必须能够对事件进程与决策结果产生影响。[2]

影响力这个话题太大，不便在此阐述。但是所有领导者均需要掌握确立影响力的一些基本技能：

1. 建立信任关系。一定要始终信守诺言，努力寻找与同事们的共同点：共同兴趣、共同需要、共同的重点目标。减轻同事们的负担：在他们与你合作的过程中，努力消除他们面临的风险与障碍。

2. 培养忠诚的追随者。应该对团队中的每一个成员及其事业表现出真诚的关心：了解他们的需要，关照他们的期望；尽早抱着积极态度开展艰难的谈话，建立信任关系；应该始终对他们兑现诺言。

3. 注重结果。努力实现人人可以看到，并对工作单位有重大影响的明确目标。寻找自己出名的理由，然后说明自己这样做的理由。一定要让人们对此有所了解。

4. 掌控局面。为你的部门制定明确计划，了解你的工作会带来什么不同结果，建立合适的团队，为你的计划争取到适当的预算与支持。不要认为你的计划、团队以及你接手的预算神圣不可更改。你应该创造一份遗产，而不仅仅是继承遗产。

5. 择机而战。应该遵循军事家孙子提出的三个开战原则：只有在看到值得争取的战果时开战；只有在自己有把握取胜时开战；只有在为了达到目的而别无选择时开战。[3] 争取一个朋友胜过赢得一场争论。

6. 处理好各种决策。理解合理决策（什么是最佳的风险，成本与效益均衡结果），处理好政治利害关系（首席执行官与权力经纪人有什么期待），处理好情感决策（我对什么会最有信心，我的团队会有什么样的承诺）。

7. 扮演角色。表现得就像你的工作单位中那些有影响的人物一样：态度积极，坚定自信。表现得要像高级职员一样，不要像给他们拎包的下属那样。

8. 有选择地不讲情理。敢于使自己、团队成员与其他人竭尽所能执行任务。要超越工作常规，努力苦干，发挥重要作用。这会使你有新的收获，产生影响，确立影响力。

9. 勇敢面对不明朗的情况。各种危机与不明朗的情况是扬名立万的绝佳时机，也是掌控局面，消除由他人造成的怀疑与不明朗现状的绝佳时机。

10. 不用则废。努力掌握自己的命运，否则别人就有机会操纵你的命运。只有运用自己的影响力才能不断产生影响。

◎ 结论

权力显然来自你的领导职位。美国总统要比北达科他州的高中门卫拥有更大的权力。但是对于大多数领导者来说，仅仅拥有正式的权力还不够。你需要能够影响并领导那些不归你管控的人士。甚至就连总统也要去说服国会与公众才能取得成功。这意味着“权力来自于职位”没错，但是还不全面，具有很大的误导作用。领导者远不仅仅需要职位。由于这一陷阱具有误导作用，也很危险，所以获得 4 个独角兽评分。

陷阱 31

领导工作必须遵循以往经验

有经验与从经验中学习提高不是一回事。

◎ 陷阱 31 的本质

这一陷阱将年长者的智慧与训练同年轻人的精气神与创造性对立起来。有证据证明，年长者胜过年轻人。2010 年，标准普尔（S&P）500 指数成分股公司的首席执行官任命时的平均年龄为 53 岁。[1] 现任首席执行官的平均年龄更大。最年轻的首席执行官是马克·扎克伯格与拉里·佩奇。不过他们并不是被任命的首席执行官，他们分别创立了脸书公司与谷歌公司，所以成为自家公司的首席执行官。

有关研究也表明年长者胜过年轻人，甚至在新创建的公司中也是如此。[2] 经过对 500 家新创建的工程与技术公司进行分析后发现，公司创建者的平均年龄为 39 岁，55 岁以上创业者的人数有可能是 25 岁以下创业者的两倍。扎克伯格是个例外。

从历史上看，有关年龄与经验两者关系的情况更为复杂。英格兰的亨利六世继承王位时只有 8 个月零 6 天大。即使按照中世纪标准来衡量也过于年幼。于是任命摄政王代为执政，直到他成年为止。由于那时寿命较短，继承王位便意味着统治者开始执政时年龄都不大。为了弥补这一缺陷，他们在出生后便接受治国之术的训练。

经验和年龄哪个重要：巴布亚新几内亚的经验范例

在巴布亚新几内亚的偏远高原地区，有位镇长正在解释他是如何治理村庄的。我问他谁会继承他的职位，他略微捋了捋胡须后说道：

“嗯，当然了，全村人要投票表决。然后他们会选出我的儿子来领导他们。从一出生那天起，他就亲眼看到我在村里解决的所有争端。我们没有纸，没有记录，所以他就是我们达成的协议后的记录人。因为这些年来他一直在看着我工作，他知道该做什么，怎么去做。他知道怎样同村里的人打交道，怎样同邻村的镇长打交道。要说有个人知道怎样避免任何一场村民械斗，他正是这样一个人。”

◎ 为何这一点很重要

这一陷阱包含着三大陷阱：

不具备领导才干

如果我们相信年长者胜过年轻人，那么我们就会将大部分人排斥在外，认为他们不具备领导才干。我们还会非常错误地认为，只有跻身于高层才能够发挥领导作用。

实际上，如果你需要一批高层优秀领导者的话，你也需要一大批能干的基层领导者。每一个级别的部门都需要领导者。从这个角度来看，在年龄与经验之间不存在此消彼长的关系。无论年龄大小，经验是否丰富，你都可以发挥领导作用。

将领导力同职位混为一谈

年龄与经验之争同样适用于资历与职位，但是不适用于领导力。作为一名首席执行官未必能发挥领导作用。管理职位低并不能阻止你发挥领导作用，开创新局面。领导力与你的所作所为有关，与你的职务头衔无关。

将经验与学习混为一谈

有些人 50 多岁，已经工作了 30 年，但是却将一年的工作经验重复了 30 次。这对于技术人员来说可能是有益的，将同一个操作程序重复了无数次的管道工或者外科医生应该精通自己的工作。但是如果领导者需要经验的话，他们则应该：

- 广泛接触各种经验，这样他们就不会将一年的经验重复 30 次。
- 从经验中学习。有经验与从经验中学习提高不是一回事。

◎ 给领导者的教训

年龄并不是担任领导职务的障碍。你担任领导职务越早，积累的经验也越多，领导水平就越高。任何一位领导者面临的第一个挑战是积累正确的经验。在陷阱 22 中探讨过“正确的”经验内涵。你需要具备一系列理性技能、情感技能与政治技能。具体的技能组合形式取决于你的职务与资历，但是最重要的技能是领导技能。你可以在担任任何部门、任何级别领导职位的过程中学习领导技能。领导者就是要带领人们去实现他们自己无法实现的目标。将这一点视为你面临的挑战，你很快就会磨炼出自己的领导技能。

领导者面临的第二个挑战是从经验中学习提高。人们很容易不断重复一项活动却从未真正有所长进或提高。许多人经常学习游泳，但却没有长进。他们只是坚持采用适合自己的方法，即使并不非常有效。领导者必须不断地成长发展。对于领导者来说，根本不存在“足够好”这样的事情，因为总是有可以改进的余地。

有一个从日常经验中学习提高的简单方法。在经过每一次会议、发言或谈话等重要的活动后，不妨问自己两个问题：WWW（What Went Well？哪方面进展顺利？）和 EBI（Even Better If... 如果……是否更好一些？）。

WWW

我们大多数人非常不善于从成功中学习提高。我们可以生动地从别人以及自己的失败中吸取经验教训，却将成功视为理所当然的事情。但是成功并非是自然发生的，得来也不轻松。各种事情层出不穷，往往使情况变得更加不妙：同事会使我们失望，竞争使生活变得艰难，政府有时进行干预，重要员工离职，偶然的事情时有发生。事情进展顺利时，要停下来问问自己采取了什么措施走到这一步。及时发现自己的成功方式，并使其成为自己的一个习惯。即使事情进展不顺利，你也可以采取措施避免遭到更大的挫折。问问自己哪方面进展顺利，并不是要使自己感觉良好，尽管这有所帮助。这样做是为了发现自己的成功方式，然后经常加以运用。

EBI

应该竭力避免遇到上一个问题的“邪恶双胞胎”：哪方面出了差错？它是造成烦恼的根源。应该问自己一个比较积极的问题：如果……是否更好一些？

无论事情有多顺利，或者有多不顺利，总有一些事情你可以做得更好。从走廊里经过时，可在几秒钟的时间里向自己提出上述两个问题。在下班的路上，可以利用这个提问习惯回顾当天或本周的工作情况。你同团队也可以运用这种非常有效的训练形式回顾当天遇到的各种情况。这会培养出学习习惯，促进团队与个人的进步发展。

◎ 结论

学习能力比你在工作中度过的那些岁月更加重要。这使得陷阱 31 变得既重要又危险，因为许多领导者均有一种成功的经验，然后便被这种经验所束缚，止步不前。不成功的领导者不从经验中学习提高。成功的领导者从经验中受益匪浅。因此你需要经验，但是必须从经验中学习提高。3 个独角兽评分。

陷阱 32

上任后的前 90 天至关重要

发动革命是有风险的，许多革命运动都会吃掉自己的孩子。

◎ 陷阱 32 的本质

这一陷阱认为，上任后的前 90 天对于新手领导者来说事关成败、至关重要。前 90 天（或者按着你的意愿前 100 天）结束时，每个人都要对你下个结论，做出评判。简单来说，这是一个采取行动的呼唤。你面临的挑战是：每个顾问对于你在前 90 天里采取什么行动看法不一。两种极端的看法可以总结如下：

发动革命

前 90 天是你的蜜月期，你拥有最大的行动自由。针对你的反对意见还没有浮现出来，大多数人都想在新任老板那里留下良好印象。因此，这个时候你必须采取行动。

相关措施应该包括两方面内容：

• 整顿。从理论上说，整顿是为了提高组织结构的工作效率。但是，当你注意到工作重点走马灯似的发生变化，由以客户为重点变成以职能为重点，再变成以地区为重点，最后又周而复始时，你会认识到这不是向前进，而是原地打转。但是整顿却有两方面的益处，尤其对于新任管理人员而言。首先，这是一种取得控制权的方式。一旦你解雇或者撤换一些人，提拔一些你信任的人时，你就拥有了自己想要的团队，而且表明你已经准备好运用手中的权力。那些想要制造麻烦的人在行动前必定要思索再三。其次，你向全体人员表明哪些是重要的环节。这样就会有力地支持重大改革措施的第二个内容：新战略或新愿景。

• 新战略或新愿景。上任后前 90 天的重要之处在于，原来的格局维持时间越久，就越难加以改变。在前 90 天里，人们期待着发生变化。因此这是你制定新方向的最佳时机。如果你对团队或公司有着足够了解，就会在这方面取得工作成效。但是如果你仅仅凭着本能或过去的经验开展工作，你还有可能犯错误。以前在不同环境里奏效的工作措施，在当今的新环境里不一定奏效。有时做好充分准备是值得的。

努力获得认可

在上任后的前 90 天里，较为温和的工作方式是使自己融入公司当中，为今后的成功打基础。采取的主要措施包括：

• 同公司内外所有重要的利益相关者见面，了解他们的动机与工作计划。

• 同正式员工与固定客户见面，深入了解公司业务运营及市场情况。

• 深入了解评估公司的发展战略、财务状况以及各种实力，包括人员、技术与经营运作三个方面。

有充分的理由在前 90 天内实施工作措施。发动革命是危险的，许多革命运动吃掉了自己的孩子。你发动的革命也许通向福地，也许通向荒漠。如果你没有透彻了解人际政治与权力状况，就无法发动革命，也就是说在实施重大变革措施之前，你应该做好充分准备。

在前 90 天内，你可以把上述两种截然不同的工作方法统一起来。具体做法是：在前 89 天里，获得大家认可，了解公司经营状况，为发动革命打下基础。在第 90 天，当你有把握获得成功时立即发动革命。

◎ 为何这一点很重要

显然前 90 天至关重要。但是这好像说领导力至关重要一样，并没有明确地告诉我们应该做些什么。

实际上许多新任领导者发现自己陷入了困境。每天都有大量杂务需要处理，包括各种危机、日常管理、电子邮件、各种会议、评估与报告活动。即使搞清楚谁是谁以及支出系统的运作方式也要花费时间，牵扯精力。这就是前 90 天陷阱传递出的真实旨意：不要让自己淹没在日常杂务当中。

你必须摆脱干扰性的日常事务，开辟一条明确的前进道路。如果你只是在处理干扰性的日常杂务，你就是在搞管理工作，不是在发挥领导作用。你也不率领人们去实现他们自己无法实现的目标。

这一陷阱传递出的旨意非常清晰：应该摆脱干扰性杂务。避免陷入日常事务的沼泽当中，努力确立未来愿景。

◎ 给领导者的教训

下面介绍如何看待前 90 天挑战的三个不同视角：

前 90 天，还是以前的 90 天

将军们认为，大多数战役在打响第一枪之前胜负已经定局。其中一方准备更充分，资源更多，处于有利位置。新任领导也面临着相同的情况：在上任前，你的命运已定。你在接任新的职务前，拥有极大的讨价还价优势。一旦接任新职务，你的这种优势便荡然无存。接任新职务以前的 90 天至关重要，有些成功的要诀包括提出以下问题：

• 这个公司会获得成功吗？一个蒸蒸日上的公司要比一个日益萎缩的公司更有可能获得成功。这个公司是否处于一个正在发展的市场当中，拥有竞争优势？应该深入研究一番。

• 这个职务适合我吗？我是否能够应对这种挑战？我是否能在这种企业文

化当中大有作为？这个公司是否拥有让我欣然接受的价值观？

• 我会拥有适当的资源吗？这家公司的优势是什么？是否会有人帮助我支持我？

前 90 天，还是前 90 毫秒？

第一印象非常重要。研究表明，我们对别人形成印象的时间不到一秒钟。[1] 同一项研究还表明，我们与别人接触的时间越长，就越是相信自己获得的印象。不过由于确认偏差的缘故，我们往往倾向于加强自己的第一印象。

领导者可以充分利用这一点。如果人们通过你的外貌与行为来评判你，那么不妨就给他们留下他们想要看到的印象。在许多方面而言，领导力类似于现场艺术表演，你要演出最好的自己。这需要不断实践，不断努力。

你扮演的一定要是你心目中的理想角色。

回到基本点：掌控局面的艺术

作为领导者，你必须掌控局面。当下面三个条件得到满足时，你便已经掌控了局面：

• 构想。对于如何发挥重要作用，开拓新局面，你需要有一个明确的构想。你是在推行自己的计划，还是在一味地遵循你所继承的计划，只是其中有一些微小调整？

• 人员。你需要适当的团队来实施你的构想。你所继承的团队也许适合，也许不适合未来发展。你还需要在公司内外建立适当的支持网络。

• 资金。任何愿景均需要资金预算。在你同意赴任前，最好能满足这个条件。你留任的时间越长，别人越会认为你已经接受了你所继承的资金预算，工作计划以及整个团队。显然前 90 天对于领导者而言至关重要。但是对于一位优秀领导者而言，每一天每一分钟都很重要。

◎ 结论

前 90 天并无任何奇妙之处。前 90 天当然至关重要（因此不是陷阱，没有独角兽评分）。但是在你上任前的每一天，每一秒以及 90 天都很重要。因此，这便将上任后的前 90 天变成了陷阱，或者更准确地说，变成了专家顾问们的赚钱时尚活动。3 个独角兽评分。

陷阱 33
你必须做过管理工作才能担任领导职务

许多公司里的等级结构就像一场庞氏骗局。

◎ 陷阱 33 的本质

许多公司的运作结构有如一座金字塔，最上层是一些高级管理人员，他们也许正在发挥领导作用，也许没有发挥领导作用；底层是一些执行具体工作的员工；中层是一些级别不同的管理人员。如今没有必要从底层做起就可以跻身于最高领导层。即使终身职业非常稀少，从底层一直干到最高领导层的事例也并不多见。

许多专业服务公司体现出金字塔式的运作原则。你作为一个年轻毕业生刚刚加盟他们的公司时，干的是艰苦乏味的低收入工作。如果你表现很好，则会得到晋升，负责管理初级员工的工作，确保优质按时完成任务，不超出预算。如果表现出色，你还会进一步得到晋升，负责管理客户关系，为公司创收。换句话说，职业服务生涯的巅峰常常是成为销售人员，不过他们常常自称为合作伙伴。

在金字塔式的运行原则中有一个根深蒂固的思想观念，即只有干过管理工作才能成为领导者。其背后的逻辑是：只有干过管理工作，你才能真正理解业务特点，向客户兑现承诺。

看一看典型的商界职场生涯，你会认为这是实情，不是误解。你必须干过管理工作才能担当领导职务。

如果你再考察一下任何一位企业家，你会发现这显然是误解，不是实情。世界上许多一流的亿万富豪不具有任何管理经验，但是这并不妨碍他们改变世界，发家致富。马克·扎克伯格、比尔·盖茨与谢尔盖·布林全都缺乏管理经验，但是这并没有阻止他们创立脸书公司、微软公司与谷歌公司。他们本身并不需要管理经验，因为他们可以雇佣通过股票期权买到的最优秀管理人才。

没有干过管理工作也能发挥领导作用，因为管理与领导是两种不同的技能。在一个层面上获得成功，并不意味着在另一个层面上也能获得成功。专业服务中的项目管理根本不同于管理客户关系与销售工作。

领导力同你的职务头衔也没有关系。你可以在公司的任何部门发挥领导作用。

◎ 为何这一点很重要

这一陷阱可以有效地使初级员工坚守岗位，其中的言外承诺是：只要努力工作，尽职尽责，你就可以跻身于公司最高层特权俱乐部。这一承诺必定只能对少数人兑现，同多数人无关。但是“先做管理后工作，后做领导工作”的陷阱是危险的。

不具备相应的才干

并非所有的领导者都是优秀的管理人员。领导与管理是两种性质不同的工作。没有任何理由认为供应链管理经验丰富的人，或者在同客户打交道、管理 IT 项目方面经验丰富的人可以成为改变整个公司发展方向的领导者。在专业服务方面，不应该要求善于管理项目的人也善于管理客户关系。因此在领导岗位上能够表现非常出色的人肯定干不了这类工作，因为他们不是优秀的管理人员。

用人不当

不仅有些优秀领导者从未被人发现过，而且并非所有的优秀管理者均可成为优秀的领导者。在专业服务中，并非所有的管理人员均可成为负责销售与客户关系的优秀管理者，因为要求的工作技能有所不同。

价值取向有误：鼓励机制出现偏差

许多公司的等级结构就像是一场庞氏骗局，大量的奖励颁发给金字塔结构中的高层人士。但是职位高并不应该成为价值取向。工作出色的销售人员与交易员可为公司创造巨大价值。他们是幸运的，因为他们的贡献有目共睹，可以量化。而从事研究、后勤、IT或者运营工作的技术专家就没那么幸运。他们也在创造巨大价值，但是很难将个人贡献单列出来，用金钱去衡量他们。不过公司高层传达出的信息却是明确的：专业技术没有管理技能那么重要。

◎ 给领导者的教训

领导工作与职业管理之间是有差别的。你必须在这两者之间做出选择。

职业管理

要求你遵循大多数公司的发展步骤。你必须在各个部门不断学习一整套新技能。你不需要去发挥领导作用；你需要将管理工作做好。在数十年的职业生涯中一直保持这样的良好工作状态实属不易，因此生存下来便是成功。跻身于高层的那些人士有毅力坚持到底，也有能力避免职业生涯中出现重大失误。冒巨大的风险很少有益于职业生存。

领导工作

担任领导职务就是率领人们实现他们自己无法实现的目标。也就是说，你可以在事业刚刚起步时就发挥领导作用。最初你可能是在一个较小的领域发挥领导作用，但是你仍然能够产生重要影响，开创新局面。领导者要想率领人们去实现他们自己无法实现的目标，就必须勇于冒险，挑战事物常规。如果你从未失败过，那说明你冒的险还不够多。顾名思义，不是所有的冒险都能获得成功。也就是说，领导者不断加快自己的职业进程，成功快，失败也快。实际上所有的领导者都遭受过一系列失败，他们坚韧不拔，跌倒后能够爬起来，再次努力拼搏。

在现实中，这并不是在领导工作与职业管理之间做出的一种二元选择，连最敬业的职业发展管理人员有时也会站出来发挥带头作用，甚至最有抱负的领导者有时也必须使自己的职业与他们的公司状况暂时稳定下来。在职业管理人员的工作经历中，职业是一个名词；在领导者的工作经历中，职业是一个动词。两种选择均合情合理。如何选择，你自己做主。

◎ 结论

这一陷阱传播范围广，有破坏作用：所有的公司均以这个陷阱为运作基础。初看上去，这一陷阱应该获得 5 个独角兽评分，但实际上却丢掉了两个独角兽评分。丢掉第一个独角兽评分的原因是，这一陷阱完全遭到那些刚刚开始发挥领导作用的企业家们的忽视。失去第二个独角兽评分的原因是，虽然这一陷阱具有破坏性，但是对于公司并不构成致命危害。他们今后也许会失去本身并不是优秀管理者的领导人，但是这并不要紧。有很多优秀的管理者可以成为领导者。也就是说，公司在领导与管理方面并不缺乏可用人才。3 个独角兽评分。

陷阱 34

体育英雄的经历有助于我们发挥领导作用

与体育运动不同，领导工作方面的竞赛永远不会结束。

◎ 陷阱 34 的本质

大多数领导工作会议的重点内容是主题发言。而做主题发言的人士常常是体育界的出类拔萃者，或者是有生动事迹可以讲述的探索者。这其中的明确含义是：我们可以向获得许多金牌的体育明星学习如何发挥领导带头作用。

体育英雄们都是优秀的领导楷模吗？表 34.1 分别对于获得个人体育比赛冠军与充分发挥领导作用两者的不同要求做了一番比较：

表 34.1　个人体育赛事成功与领导工作成功的不同条件

个人体育赛事冠军	领导工作获得成功
为自己的成功而努力；没有追随者	率领众人获得成功
目标明确	目标多且相互冲突，情况不明朗
比赛规则明确	自己制定规则
为自己的利益而比赛	为众人的利益发挥领导作用
已知竞争对手单一	利益相关者多，需要权衡的结果多
训练占 99%，比赛占 1%	工作实践占 99%，培训占 1%

该表显示，体育赛事上的成功与领导工作的成功截然不同。简单来说，大多数体育界人士并不是在发挥其领导作用，因为他们没有自己的追随者。

主张认真听取这些体育界主题发言者所讲内容的理由是：他们的事迹具有鼓舞激励作用。显然，要想在奥运会上获得金牌，必须具有很强的上进心。但是这种上进心不同于你想成为领导者所需要的那种上进心。体育运动员是为自己朝着一个明确目标努力奋斗：赢得比赛就可以获得金牌，获得荣誉。获胜者拿走了一切，这根本不同于商界职场上的工作经历。领导者并不是为自己辛勤努力，他们的目标也很少清晰明确。他们通常是在为企事业单位效力，不可能获得任何金牌。成功由大家分享，而且只是迈向下一个目标的垫脚石。

领导者很少能够宣布自己获胜，结束领导工作。与体育赛事不同，领导工作永远不会结束。

看来“领导者可以向体育界人士学习”这一点并没有多少实际意义。如果几个月后你问那些听过上述主题发言的人记住了哪些内容，你得到的往往都是一些模糊的回答。这样的主题发言虽然会受到热烈欢迎，但是人们实际上记住的通常只是一件逸闻趣事、一个精彩语句，或者是令人震惊的事实。本着“不会叫的狗”那种精神，专门关注缺失的内容：有关如何成为一个更好的领导者的洞见或者实际帮助往往都是明显缺失的。

◎ 为何这一点很重要

詹姆斯·邦德系列影片《明日帝国》中的疯狂媒体大亨艾略特·卡佛做过一次简短的演讲，回顾他自己刚刚在媒体行业创业时的一些心得体会学到了什么。“要想干成一番大事业关键不是要搞清楚何人，或者何事、何时，而是要搞清楚为什么。”[1] 对于领导者而言，这是一个极大的经验教训：最重要的问题是“为什么”的问题。每当出现意想不到的情况，或者有人说了一些奇怪的话时，应该始终记住要问一问为什么会出现这种情况，为什么他们会这样说。

对于那些在会上做主题发言的体育明星们，我们应该提出的问题不是：“我们能从他们那里学到什么呢？”我们应该这样问：“为何他们受到如此追捧，尤其是他们看上去并不像高明的领导楷模？”

在每年一度的领导工作会议上，聘请有吸引力、名望高的人士做主题发言很有必要。

大多数会议都很枯燥。体育明星们会给大会增添魅力，使与会者享受这个过程，积极参与这个过程。与会者们积极性高总比他们感到枯燥乏味要好得多。

你可以向任何人学习。体育明星也许不是领导者，但是只要领导者虚怀若谷，仍然可以向他们学习。为了学习，必须要抱着批评判断的态度倾听发言。你想吸取的经验教训不一定就是发言者希望你吸取的经验教训。你面临的挑战是抓住一切机会积极学习。体育明星们打开另一扇审视现实的窗户，为人们提供了不同的观察视角。选择学什么，这由你自己决定。

体育明星可以表现出深刻的见解。他们的见解并不涉及领导工作，而是涉及你自己以及成功的本质。体育明星有很强的上进心，为了获得成功付出巨大的牺牲。他们激励着那些想要获得成功的人们。他们也明确揭示了这种选择的特点：成功需要付出艰苦努力，如果想要过四平八稳的生活，还有其他生活方式可供选择。

体育明星，或者其他社会名流，能够使老板非常开心。如果老板能够见到名人，他们就会接连数周去外面就餐，倾听名人讲述自己的亲身经历。每听一次名人重新讲述自己的亲身经历，老板都会同他们更加亲近。如果你想让老板高兴，那就请一位老板非常想见的名人来高谈阔论一番吧。

◎ 给领导者的教训

成功需要付出艰苦努力

这一点从体育界到担任领导工作都适用。体育明星通常会讲述他们在通向成功的道路上付出了哪些努力，遇到过什么挫折。担任领导工作也会遇到这种情况。我们都想取胜，但是在愿望与行动之间存在着巨大的差距。体育明星含蓄地提出的一个问题是：“为了担任领导工作，为了获得成功，你是否准备做出必要的牺牲？”一个合情合理的回答是为了追求一种充实的生活，不是为了追逐别人的成功定义。应该使自己的决定成为一个由衷的决定，而不是一时冲动的决定。

你可以向任何人学习，在任何情况下学习

人们容易将体育明星的到来视为纯粹的娱乐活动。如果那就是你想要看到的效果，你只能有这样的收获。但是领导者可以在任何情况下学有所获，甚至看一部詹姆斯·邦德的影片也能从中受益。学习的机会从不缺乏，尤其是当我们知道自己在寻找什么的时候。

以批评判断的态度去倾听

我们大多数人都不善于倾听别人讲话，即便是在我们学习闭口不言的时候。我们也许听到了对方说些什么，但是我们并不理解这些话的含义。如果我们想要理解的话，就必须掌握批评性倾听的艺术。其中一个简单的方法是在大会发言开始前，思考一下你期望听到的内容。同虚心倾听相比，这会使你无论在接受还是反对时更具批评眼光。

批评性倾听：让你显得更精明

5个伙伴住在一个房间里。这意味着他们始终全都知道公司里发生的事情。其中4个人非常聪明，只有那位马克就像是一个噼啪作响的10瓦电灯泡一样。但是公司员工都喜欢他，认为他是最聪明的人。这使得其他4位伙伴大为恼火。

有一天，一位伙伴看到马克在奋笔疾书，于是就问他在干什么。马克解释说：

“我的团队就要来向我介绍一些情况。他们来的目的是为了考察我的业务水平到底如何。因此我要做些笔记准备一下。在倾听发言之前，我总是关注以下三点：

• “我对主题内容的看法：这意味着我不只是被动地欣赏他们的才华，也可以在必要时向他们提出挑战。

• “我事先对他们所讲内容的期待：这样可以使我发现没有涉及的内容。我可以看出他们是否漏掉了一些内容。

• “至少有一个题目我可以为他们提供指导与支持。这意味着他们会重视我的意见，而不会将其视为一种挑战。”

另一个伙伴大为震惊。他认识到为什么马克总是显得非常聪明。虚心倾听有益于社交活动，是一种发现过程。但是批评性倾听则意味着带着成见与目的倾听他人讲话。

一个有效的批评思维方式是听从马克的建议：在你听到一个人讲话或者在你阅读一个文件（甚至一本书）前，将自己的观点以及你认为可能涉及的内容写在笔记里。这样你就会成为一个更加挑剔，更加有见解的独立思考者与读者。

◎ 结论

体育明星并不是领导楷模。但是这个陷阱不能获得5个独角兽评分，因为体育明星可以激励人们；你实际上可以向任何人学习，在任何情况下均有学习收获，甚至可以向体育明星学习。你想学习的内容与他们想传授的内容也许截然不同。这个陷阱获得4个独角兽评分。

陷阱 35

仅凭读书就可以掌握领导技能

领导技能无法传授，但是可以学习掌握。

◎ 陷阱 35 的本质

如果我们全都能够学会领导技能，那么就应该能够教会人们如何掌握领导技能。领导技能培训班与有关专著层出不穷，声称能够向人们传授领导技能。有人开设此类培训班，也有人花钱参加此类培训班，这表明人们相信领导技能是可以传授的。所以，初看上去传授领导技能似乎是实情，而不是陷阱。

但是我们在将这一陷阱一笔勾销之前，应该停下来认真思考一番。

显然，你不可能在阅读那些阐述领导技能的专著过程中，一直读到278页就变成了领导者。同样，为期两天的领导技能培训班也不可能立即把你培养成领导者。如果可以向你传授领导技能，那肯定既不轻松，又无法立竿见影。

作为一种练习，我曾经问过几组学员如何学习领导技能。我让他们从六组选项中选出两种主要的学习方式。你也可以尝试一下这种练习，从下面选出两种学习领导技能时采用过的最重要方式：

- 读书；
- 参加培训班；
- 向同行学习（在工作内外）；
- 向楷模学习（在工作内外）；
- 向老板学习（吸取经验教训）；
- 从个人经历中学习。

几乎没有人选择读书或参加培训班。这对于举办领导技能培训班的作者来说可能是一个坏消息。每个人都选择了回顾个人经历以及亲眼所见等两种学习方式。

这很有道理。我们看到别人做事有效果时就要模仿。我们看到另外一个人内心极度崩溃时，便极力避免去犯同样的严重错误。我们能看到在实际当中，在我们的工作环境当中哪些措施有效。我们也会根据自己的工作方式与工作环境，确定自己独特的成功模式。

试图以这种方式发现领导力奥妙时会遇到这样一个问题：这个过程好像是一次随心所欲的散步。如果遇到好的老板、好的经验，你事业就会蒸蒸日上。遇到不好的老板、不好的经验，你就会走进死胡同。你必须把寻求经验过程中的随意散步转变成井然有序的发现历程。读书与参加培训班所需的作用正在这里：它们可以帮助你理解一时看似没有意义的事情，并将你迈向成功的历程变得井然有序。

◎ 为何这一点很重要

这一陷阱很重要，原因有两个，因为它表明：

- 企事业单位应该如何培养领导者。
- 为何大多数领导技能培训活动注定会失败。

企事业单位应该如何培养领导者

最善于培养领导技能的企事业单位根据人们实际的学习方式，从实际经验当中学习来制订领导技能培训计划。也就是说，他们会为你安排好领导技能培训的整个过程。英国皇家海军陆战队突击队让那些有抱负的军官们参加为期18个月的艰苦训练活动。一流的公司为了培养新来的毕业生，让他们参加一系列实践活动与培训活动。

一流的公司在选拔培养对象时肯定要求严格，但是遵循的标准各有不同。皇家海军陆战队、文职部门、投资银行与创意艺术行业的成功标准截然不同，对待冒险、勇气、服从与创造性的态度各有侧重。

虽然选人标准不同，但是他们全都承认，安排管理领导技能培养过程涉及通过一系列相关经验来培养人、考验人。

为何大多数领导技能培训活动注定会失败

回顾一下了解领导技能的各种途径：很少有人声称是在培训班上了解到了各种领导技能。这明显表现在人们并没有多少机会参加培训班（除非培训班离上班地点不远），而且在年度预算里培训活动是首先被砍掉的花钱项目。领导技能培训不受重视的原因有三个：

1. 参加任何形式的另类培训班常常被视为“能力差”。参加信息技术或财务等技术性培训另当别论。参加培训班去学习如何激励人们，这本身表明你根本不擅长激励人们。

2. 领导技能培训班上讲的全是一般性解决方案，联系不到具体问题。你需要什么技能，如何运用这些技能，这取决于你的工作环境。运用普遍经验解决具体工作需要，这在理论上不易，在实践中更难。

3. 学习与实践之间存在着时间差。管理人员学到的知识现在对他们就能有帮助，这并没有错。他们需要在对新思想记忆犹新的时候尝试一下。学习的任何知识都容易忘记，除非不断加以检验，付诸实践。

上述这些问题同培训班的质量无关。有些培训班质量很高，有些则质量一般。这些都是正规培训班固有的一些结构性问题。最好的培训计划试图解决这些问题，但是这样却无异于推水上坡，徒劳无益。

◎ 给领导者的教训

领导技能无法传授，但是可以学习掌握。这是因为通向领导工作的历程也是一个不断发现的历程。你必须去发现适合于自己的具体工作环境的措施，因为从来不存在着普遍适用的成功模式。由于工作环境不断发生变化，你也必须在整个职业生涯中始终坚持学习。不再继续学习的人，就会在职业生涯中止步不前，陷入困境。

只有你才能最终走过整个领导历程。为了成就自己的事业，你必须要获得适宜的经验、项目与工作任务，遇到合适的老板。你面临的挑战是：避免使自己的领导技能培养历程变成随心所欲的散步，不要湮没在日常杂务与毫无意义的事情当中。阅读与参加培训班的作用是有助于你走出自我的藩篱，更加清楚地看到需要往何处去，应该采取什么措施。希望本书能够成为你的行路地图，为你指明应该做何选择，哪里有陷阱，让你自己决定在领导历程中需向何处去。

◎ 结论

从狭义上看，这一陷阱应该获得 5 个独角兽评分。你不可能仅凭读书就成为领导者。但是你可以学习掌握领导技能，而且你所在的公司也会组织安排相应的培养活动，提供有益支持，帮助你学习成长。鉴于领导技能无法传授，但是可以学习掌握，所以这一陷阱获得 3 个独角兽评分。

陷阱 36

领导者都知道何时应该离任

领导者生活在一个镀金的笼子里，很少有人敢挑战他们，许多人竞相奉承他们。

◎ 陷阱 36 的本质

大多数公司都非常重视安排领导者的接班人。他们需要在各个部门储备些人才，既为今后培养领导者，又要满足当前的需要。大量储备人才，可以有效地防范突然失去重要的主管领导的风险。

领导者口头上赞成培养接班人的做法，因为他们知道这有益于公司。他们一想到自己因此可能成为多余的人，便颇感不悦。对公司有益不见得对个人也有益。

如果你真的想要惹恼或恐吓首席执行官，不妨问问他们退休后打算干什么。对于许多首席执行官而言，退休就是活遭罪。作为首席执行官，他们习惯于指点江山，发号施令，整个世界都围着他们转。他们头脑清醒，目标明确。他们也许工作勤奋，但是这样做会使他们的生活井然有序，公司也为他们创造了一个小社会。一旦退休，他们就失去一切：失去井然有序的日常安排，失去公司里的小社会以及工作的目的和意义。他们不再是世界的中心。从道理上来讲，领导者会看到培养接班人的必要性；从情感方面来看，他们希望尽可能晚一些看到这一天的到来。为了避免退休后可能出现的那种生不如死的命运，他们常常需求一种“折中”的解决途径，在委员会或慈善董事会中谋个职位，自由地高谈阔论。这经常被轻蔑地称为“被动式作为”，因为此时你不再是主动地推进自己的工作计划，只是对别人的工作计划做出被动反应。

领导者有正当理由担心自己被调换工作。有证据表明，退休对健康不利。2013 年 5 月，伦敦经济事务研究所发表的一份报告发现，退休使人患上抑郁症的机会增加 40%，使人患上至少一种身体疾病的可能性增加 60%，[1] 其表现形式基本类似。在退休第一年里，由于工作压力不复存在，健康状况得到进一步改善，退休人员可以自由自在地实现生活的梦想（比如旅游），退休人员因此会生活得很充实。但是接下来健康状况却越来越差。往昔每日井然有序地忙于工作社交的场景不见了，由此产生的影响开始显现出来。每天漫无目的地在家看电视不利于健康。退休后六年内，抑郁症与严重的身体疾病通常便会如期而至。[2]

领导者希望继续坚守工作岗位，因为他们开始认为他们对于公司的命运而言是不可缺少的人物。领导者生活在镀金笼子里，很少有人敢于挑战他们，大多数人纷纷奉承他们。

如果一切顺利，在领导者看来这证明他工作非常出色。如果出了问题，那就更加证明老板才是不可或缺的人物。遇到的各种挫折都清楚地表明团队中的其他人均不胜任当前的工作，更不用说最重要的工作。

许多领导者暗地里窃喜接班人能力不够。如果在首席执行官离开后整个公司举步维艰，这有力地证明（至少在离开的首席执行官看来）他们才是公司取得成功的关键人物，任何人都无法取代他们。实际上新任执行官的失败也就是前任首席执行官的失败，因为他没有能够选出合适的接班人。

◎ 为何这一点很重要

罢免首席执行官难度很大，特别是在管理制度允许权力集中在首席执行官手中的国家难度更大。当首席执行官同时也是公司总裁与董事长时，问题真的很棘手。没有人胆敢挑战首席执行官，尤其当首席执行官可以在董事会里安插自己的朋友亲信时。这些朋友也常常是其他公司的首席执行官或董事长，他们全都可以将对方安插在各自公司的董事会里。他们组成了一个对自己有利，却可能对公司不利的“首席执行官自保小团体”。

即使在管理工作落实到位的情况下，大多数董事会仍然具有强烈的规避风险倾向。罢免现任首席执行官，任命一位新的首席执行官，这对于董事会而言是最冒险的做法，会招致许多麻烦。高层领导者以外的人工作热情有限，也不想冒险。这意味着只有在出现真正的危机时，首席执行官明显失职的情况下，他们才会采取行动，但是为时已晚。

◎ 给领导者的教训

以下是你在处理离任这个问题时可以做的五件事情。所有优秀的演员都知道如何掌握入场与离场的最佳时机。领导者也需要能够做到这一点。

去墓地看一看

这里埋着许多自以为是不可或缺之人的主管人员。早些年间人们对待死亡的态度比我们现在的看法更加坚定开明。有些以死亡为主题的绘画和人工制品传达出这样一个简单的信息：“记住，你终将有一死。”这些作品从中世纪时期到维多利亚时期一直都很流行。它们在提醒我们生命有多么宝贵、短暂：必须充分利用每一寸光阴。

为下一个行动做好准备

即使你做到了首席执行官，领导工作也是一个历程。应该考虑好如何维持或者取代你在当前的工作中非常重视的那些方面：社会人脉、日常井然有序的安排、意义感与目的感。这些方面比你下次要领取的长期奖金更为重要。如果你是一位首席执行官，你可能有足够的钱来支付租金。但是你用钱买不到日益变得重要的人脉、井然有序的安排与意义。这三个方面不可能一夜之间全都具备妥当。你至少需要提前数年打好基础，从头经营。

重视管理机构

大多数首席执行官将不参与公司经营事务的董事会视为必须应对的一个甩不掉，又离不开的弊端。但是这个管理机构的存在有其合理之处。对于公司及其利益相关者而言，董事会是一个重要的制约平衡力量。对于首席执行官而言，它应该成为一个具有建设意义的挑战根源。软弱的董事会使首席执行官的生活变得安逸舒适；强势的董事会能使首席执行官干劲十足，屡创佳绩。同安逸舒适相比，首席执行官更应该以业绩为重。

给自己设定任期限制

死亡可使人心意专注；退休或者离任承担另一种工作也是如此。假如你知道自己的额头上打上了“最迟离任日期”，那就会迫使你思考如何在剩下的时间里发挥重要作用，再创佳绩。它会使你有一种急迫感与目的感，不允许你继续茫然地放任自流。从乔治·华盛顿时代起，美国总统的任期非正式地被限制在两届之内；在富兰克林·德拉诺·罗斯福连任四届总统后，美国总统的连年任期限制得到宪法第22条修正案的正式承认。这同那些独裁者与蛊惑民心的政客终生掌权的国家形成了鲜明对比，体现出明确限定任期的特有智慧。

安排好接班人

当艾萨克·牛顿因科学成就斐然而受到高度称赞时，他谦虚地说道：“如果说我看得更远一点，那是因为我站在了巨人的肩膀上。”[3]他知道自己获得的成功是建立在前辈科学家的工作基础上。你要抓住这个机会，让接班的领导者也站在巨人的肩膀上，甚至取得更大成就。你的接班人获得成功便是你的成功。应该帮助他们踏上征程，取得卓越业绩。

◎ 结论

这一陷阱无处不在，具有危险性。说它无处不在，是因为领导者并不知道何时应该离任，通常必须将他们赶走或一脚踢开。说它具有危险性，因为在位时间太长的领导者不知道接下来该做什么，这样使公司，进而最终使他们本人都会受到损害。5 个独角兽评分。

Myths of Leadership

Part

5

我们知道领导力理论

陷阱 37

领导者一定可以重塑未来

这个世界变化太快，大多数公司经过一代人之后不久便倒闭了。

◎ 陷阱 37 的本质

伟人领导论肇始于 19 世纪这一信念：世界历史只不过是伟人的传记。[1] 伟人领导论对扣人心弦的历史青睐有加：那是英雄创造丰功伟绩，改变人类发展进程的历史，那是可以激励一代又一代学童的光辉历史。

伟人创造历史的理论得到了哲学家的支持。托马斯·霍布斯对于人生“孤独、贫困、平庸、残酷与短暂”等问题提出的解决方案是社会需要铁腕人物[2]：这是一种能够创造井然有序社会的强大领导者。霍布斯的观点后来得到了尼采的响应，他呼吁甘冒一切风险拯救人类的超人[3]（即伟大领导者）问世。阿道夫·希特勒对于这一哲学观点非常赞赏。

这种历史观只有一个小问题：其看法有误。赫伯特·斯宾塞提出的反驳观点是：不是伟人造就了社会，而是社会造就了伟人。“在伟人可以塑造社会以前，社会便造就了伟人。”[4] 这使得经济、社会与技术的重要性在历史当中占据了核心地位。卡尔·马克思早就试图通过经济与社会的力量来解释历史。从那时起，历史学变得更加专业化，经济与社会所具有的深刻影响力也得到了更好的（即便不是完全的）理解。

伟人创造历史的理论通过伟人领导论得到了传承发扬。这一理论认为，领导者完全通过领导意志改变企业的命运。当今的亿万富豪企业家就是支持伟人领导论的证据：我们认为微软公司、谷歌公司、苹果公司、脸书公司与其他取得突破成果的著名公司，全都是各位创始人内在创业动力的产物。包括从福特到丰田在内的当今大多数大公司，其创始人都是颇有远见的大企业家，他们凭着自己的想象与勇气打造出了自己的商业王国。

相反的观点是：企业是由时代造就的。这方面的证据就是顶级公司的生存率。世界经济论坛的研究表明，公司并非能够在很长时期内成功地把握自己的命运。[5]《财富》世界 500 强公司的预期寿命为 40~50 年。仅仅在自 1999 年算起的 15 年里，50% 以上的《财富》世界 500 强公司从名单中消失了。这些公司没有改变世界，反倒是世界改变了他们。

尽管如此，仍然留下来一些经常现身于商务媒体名人海报上的企业家们。他们似乎改变了世界。事实果真如此吗？

1980 年当有人要求比尔·盖茨为 IBM 公司新推出的 PC 机提供操作系统时，微软公司终于实现了重大突破。[6]IBM 公司当时没有看出来赚钱的是软件，而非硬件。如果 IBM 公司同他们的首选合作伙伴数字技术研究公司达成协议的话，那会出现什么情况呢？比尔·盖茨仍将是个出色的代码编写员，不过很可能默默无闻。我们也会讲述着数字技术研究与公司如何成为桌面操作系统开发者的非凡经历。

同样，许多人都曾经试图开发成功的搜索引擎。总有人在什么地方找到了成功秘诀：拉里·佩奇与谢尔盖·布林脱颖而出。如果认为他们同彩票中奖者没有任何差别，那是错误的。与彩票中奖者不同的是，这些伟大的企业家必须投入大量时间，有真才实学，敢于冒很大的风险。

这些伟大的企业家究竟是改变世界的人，还是时代的产物？如果心存疑惑，不妨求助于莎士比亚，在他那里通常都能够找到答案。他善于将各种答案生动地表达出来。哈姆雷特说过：“无论我们怎样辛苦图谋，我们的结局早有一种冥冥中的力量把它布置好了。”[7]这表明，命运通过经济、社会与技术等形式影响着企业起伏成败的性质。领导者要做的就是“辛苦图谋”这些结果，确使他们的工作充分利用命运的格局。

◎ 为何这一点很重要

这一理论非常重要，因为它提出了一个基本问题：领导者究竟在多大程度上可以改变事件的进程？

如果你认为领导者确实可以从根本上重塑未来，那么给他们支付优厚的薪金便是有道理的。每隔 15 年《财富》世界 500 强公司会有一半从名单上消失，如果你认为领导者只是随波逐流，那么给领导者支付最高薪金就没有多大意义。

伟人创造历史论还继续体现在刻板的性别观念上。在一所女子学校，我让学生想象一下飞机驾驶员、外科医生与首席执行官的工作。当问及担任这些工作的人员性别时，她们全都认为是男性。她们当中没有一个人认为自己会从事这些工作。

◎ 给领导者的教训

塑造未来

伟人领导论在召唤行动方面还是起作用的。它可以激励领导者影响事件的进程，而不受事件本身的摆布。你可能改变不了世界命运，但是你可以改变你的团队命运。领导者认为他们能够控制，或者至少影响事件的进程。受害者则认为他们受到事件本身的控制。

建立自己的团队

伟人领导论是危险的，因为它可能使人们信任那种全知全能型的领导者。当代世界纷繁复杂，相互关联，瞬息万变，领导者不可能全知全能，改变一切。领导工作是一项团队工作。也就是说，建立团队是领导者应该完成的一项关键任务。

保持偏执狂倾向

英特尔公司创始人之一安迪·格罗夫写过一本书，名叫“只有偏执狂才能生存下来”（*Only the Paranoid Survive*）。[8] 这是一本你永远没有必要阅读的名著，因为书名便揭示了书中所写的内容。这也是对抗伟人论的利器。这个世界变化太快，大多数公司经过一代人之后不久便倒闭了。你必须保持偏执狂的倾向，努力了解可以影响或摧毁你们公司的各种力量，然后迅速学习适应当前形势。即使你改变不了世界，你也必须改变自己，适应这个世界。

领导工作不仅仅同男人相关

在 19 世纪只有男人才被视为领导者；那时贫困、饥荒与疾病到处可见，难以抑制；小男孩必须爬进烟筒里去清除烟灰；平均每年的工时为3000小时。[9] 幸运的是，从那以后我们取得了很大进步。

◎ 结论

伟人领导论受到颇多质疑，而且对于担任领导工作而言具有危险性。不必成为伟人或男人也能发挥领导作用；每当国家或公司寻找英雄来拯救自己时就会陷入困境。这一陷阱以其碾压所有史书的气势，本应该获得5个独角兽评分。但是实际上只给4个独角兽评分，因为其中还有一些正确的因素。一些人确实具有“权力意志”，能够改变未来。他们也许是例外，但是他们常常是很重要的例外。4个独角兽评分。

陷阱 38

领导者必须成为服务者

这一管理时尚就像是看着你的老爸（或首席执行官）要在舞场上摆出几个造型那样时髦。

◎ 陷阱38的本质

传统的领导模式要求领导者有效积累和运用管人管物的权力。仆人式领导力正好相反。仆人式领导者不是统治者，而是服务者。他们的服务方式有两种：

- 为使命服务。
- 为组织服务。

仆人式领导力的理念源远流长：

- Servus servorum Dei，教皇的拉丁语称谓，意思是“上帝的奴仆”。
- Ich Dien是威尔士亲王略微有悖常情的座右铭“我是公仆”。
- “为国效力带兵”是桑赫斯特陆军军官学校的座右铭。

这一陷阱在21世纪初的商界流行开来，一时成为商务谈话的主要内容。

首席执行官常常将组织金字塔结构颠倒过来，展现出仆人式领导者的形象。传统的组织金字塔结构（图 38.1）形式是：担任最高职务的领导者通过不同的管理层来领导基层的许多员工。这是传统做法，不难理解。

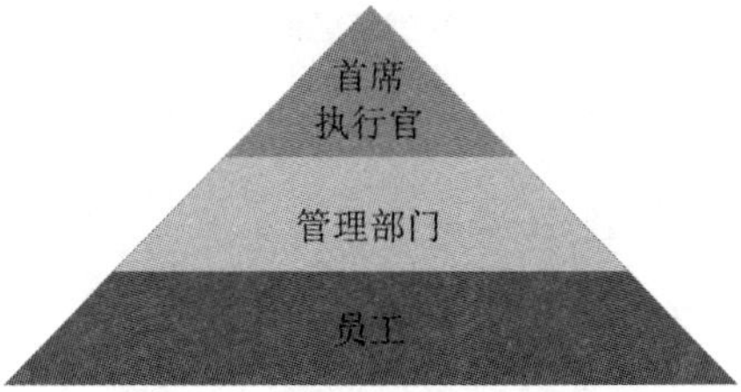

图 38.1　传统的组织金字塔

仆人式领导者将组织金字塔颠倒了过来，其目的就是要表明公司里最重要的人是那些一线员工，他们生产产品，搬运货物，销售产品，或者同客户打交道。

管理人员与领导者的工作就是支持一线员工。为了更加清楚地说明问题，有时还要将客户摆在最高位置上。简化的倒金字塔组织结构如图 38.2 所示。

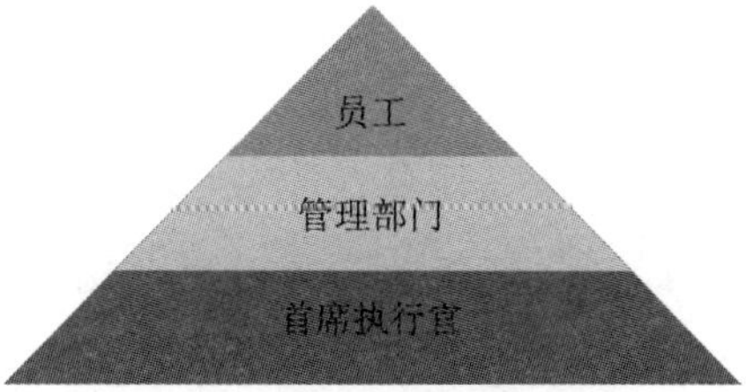

图 38.2　倒金字塔组织结构

◎ 为何这一点很重要

仆人式领导力涉及另外两个不同的陷阱：

- 领导者为组织服务。
- 领导者为使命服务。

我们将分别剖析这两个陷阱。

领导者为组织服务

倒金字塔结构要传递的是这样两个重要信息：一线员工是成功的关键，工作使命非常重要。随着劳动力的情况不断变化，这两点也变得更加重要。员工的专业化程度与受教育程度日益提高，他们希望得到更好的对待。如果将他们看成是金字塔底层做苦工的奴隶就不会激发他们的工作热情。将金字塔颠倒过来，就是要改变各个部门的态度：

- 向员工表明他们至关重要，并尊重他们。
- 向管理人员表明他们的工作是提供支持，不是发号施令。
- 向最高管理层表明他们需要服务的对象是工作使命，不是他们自己。
- 向每一个人阐明他们需要更加重视客户。

结果，这一管理时尚就像是看着你的老爸（或首席执行官）要在舞场上摆出几个造型那样时髦。这样做并不会起到激励作用，反而让人感到很难堪。这样做不对的原因是：首席执行官所说的话与员工们听到的话是不一样的。

首席执行官也许相信（也许不相信）他们所讲的“自己不如一线员工重要”的言辞。但是员工们听到与看到的情况却是这样的：

- 倒金字塔看上去像是一个失控的旋转陀螺。对于许多公司而言这都是一个恰当的比喻。
- 整个旋转陀螺似乎依靠位于底部的一个人的平衡状态：他就是首席执行官。这看上去更像是傲慢，而不是谦卑。
- 如果首席执行官真的那么不重要，为何他能赚那么多钱，并在决策、预算、资源配置、奖励与表彰方面拥有那么大的权力呢？

领导者为使命服务

以使命为主导的组织包括那些改造能力最强，历史最悠久的公司。同大多数企业相比他们的寿命很长。英国富时 100 指数最初涉及的 100 家公司只有 27 家公司仍然符合这一指数要求。[1] 其他公司不是被接管，就是被超越。世界上最古老的企业是日本一家名为西山温泉庆云馆的温泉旅馆，自公元 705 年以来一直在营业。[2] 但是天主教会拥有近 2000 年的历史，可谓源远流长。一些改造能力最强的组织具有很强的使命感。他们不会仅仅为金钱而存在。那些重要的非营利组织，比如牛津饥馑救济委员会、无国界医生协会发挥着巨大作用。以使命为主导的公司，比如早期的谷歌公司，可能会具有颠覆改造作用。军队中的精英部队在异常艰苦的情况下可以取得非凡成就，因为他们全都具有很强的价值观。

显然，既然使命如此重要，就应该拥有为使命服务的领导者。具有使命感的领导者可能既有愿景，又能够激励员工。他们可成为行善或作恶的巨大力量。20世纪独裁者们的所作所为表明，并非所有的使命都是为善的使命。要想使组织与领导者均具有使命感很难，尤其是在当今世界。如果雇主的平均任期为5年或更短（参见陷阱9），那么雇员们就会集中精力去完成事业的使命。

要求员工有很强的工作热情，对公司忠诚，然后又实行裁员，这表现出言行不一。员工相信你的行动，不相信你的话语。

许多有使命感的领导者会逐渐地发生彻底变化：他们一开始为使命服务，后来使命渐渐地为他们服务。使命成为他们提升自己，树立个人威望的工具。他们对使命仍然抱有热情，但是仅仅因为它对于他们很有好处。这是员工们注意到的一个微妙变化，可使领导者变得骄傲自大，最终遭到报应。（我的律师建议我不要列举这方面的实例。）

◎ 给领导者的教训

始终言出必行

这意味着说话一定要非常小心谨慎。最新的管理时尚（比如倒金字塔结构模式）也许看上去、听上去很棒，但是要核实一下它是否反映出你要创造的现实，它对于你的组织来说是否可信。

避免跟着趋势走

趋势不会打动任何人。

善待一线员工

这是仆人式领导力的关键所在，而且行之有效。但是除了向他们说明倒金字塔模式以外，也可以用其他方式尊重支持员工。

使命是强大的，但是……

一定要做到言行一致。承诺是一个双向过程。如果你要求你的员工做出承诺，你也必须对他们做出承诺。你可以设法让他们为公司的使命效力几年，积累经验，然后再另谋高就。如果这就是合同的话，一定要交代明白。

对自己诚实

一定要使自己真正为使命服务，不是使命为你服务。你会在多大程度上准备为使命做出个人或职业方面的牺牲？你会为使命放弃报酬、奖金与晋升的机会吗？使命是否是你最大限度地争取报酬、奖金与晋升机会的工具？

◎ 结论

最大的趋势与陷阱只有一点真话，其余则是一派胡言。仆人式领导力是一个经典模式。真正的仆人式领导者值得关注，值得敬佩，事业有成，不过他们都是例外情况。这一趋势应该渐渐地成为历史陈迹。它不像有些趋势那样危害性很大，因此应该得到 4 个而不是 5 个独角兽评分。

陷阱 39

领导者面对任何问题都需要谦逊

我们大多数都认为自己不一般，这在统计数据上来看是不可能的，但是从感情上来说又是不可避免的。

◎ 陷阱 39 的本质

领导者应该有远见、有魅力、处事果断，能够鼓舞人心和激励他人。但是对于领导者来说这还不够，还必须为人谦逊。这是一个很大的要求。也许超人就是领导者的楷模。超人拥有一切，但是却谦逊低调。显然，领导者应该效仿超人，将内衣穿在裤子外面。

“谦逊的领导者”这个理念是对伟人领导论做出的反应。只要稍加注意你的办公室与现实生活就会发现，大多数领导者并不是富有魅力，能够鼓舞人心的伟人。他们更有可能符合取得非凡成就的普通人形象。问题是普通是否就真的意味着谦逊，谦逊的真正含义是什么。

目前还没有关于谦逊领导者的普遍认可的定义。不同的人认为谦逊领导者具有不同的素质，以符合他们的需要与观点。尽管人们的看法大相径庭，谦逊似乎有着如下三个明显特点：对自己谦逊；对他人谦逊；在远大抱负方面表现谦逊。

◎ 为何这一点很重要

如果伟人领导论受到颇多质疑，那就需要有另外一种可供选择的理念。谦逊说似乎是一种不错的选择，因为此说正好同伟人领导论相反。如同所有领导论一样，你总可以发现一些领导者符合你的理论。由此你会跨出特别错误的一小步，声称自己发现了领导力的秘密。你所证明的只是某种形式的谦逊在有些情况下，对有些领导者是奏效的。遗憾的是，这样细致入微的信息既不能提高图书销量，也不能促成出色的会议发言。你必须敢作敢为，亲自找到答案（最好以三个简单的步骤）。

任何领导理论也无法经得起长期的科学检验，因为每一种理论均有可能很快地遭到篡改歪曲。根本不存在普遍适用的领导模式。但是每一种领导理论均有一些自身的价值，可以打开观察现实的一扇新窗口，使我们再次思考真正有效或无效的措施是什么。本着这种精神，应该认真思索谦逊领导论，看看我们能够学到什么。

◎ 给领导者的教训

对自己谦逊

针对 69000 名管理人员提供的全方位反馈情况所展开的研究结果表明，领导者或者高估，或者低估他们的工作能力——这一点不足为奇。[1] 但是低估自己的工作能力的领导者被团队成员视为更好的领导者。团队成员同谦逊领导者在一起工作时，要比为专横领导者效力时的积极性更高。团队成员也认为谦逊的领导者效率更高。这是一种主观评价：团队成员对自己喜欢的领导者评价很高。

实际上这种谦逊心态不易养成。我们大多数人都有一种优越感。下面列举一些具体实例：

• 斯坦福大学 87% 攻读工商管理硕士学位的学生认为自己不一般。[2]

· 在英国每 100 万参加标准成绩考试的考生中，85% 的考生认为自己的能力超过一般水平；25% 的考生认为自己属于顶尖的 1% 考生之列。[3]

· 93% 的司机认为自己的驾驶技术不一般。即使在最谦虚的瑞典人当中，也有 67% 的司机认为自己的驾驶技术不一般。[4]

现在来检测一下你自己：你认为自己在忠诚可靠、勤奋苦干、为人体面与驾驶技术等方面是低于，还是高于平均水平？我们大多数人都认为自己不一般，这在统计数据上来看是不可能的，但是从感情上来说又是不可避免的。

可以认为，谦逊的这一面意味着领导者必须公开承认自己的过失、弱点、疑虑与缺点。这被视为真诚领导力（参见陷阱 42），它可以使领导者带有人情味，更容易接近。领导者是兜售希望的人：必须为自己的团队描绘出美好的未来前景。如果你总是嘟囔着自己的担忧、疑虑与弱点，你就无法使你的团队相信你有能力带领他们奔向光明的未来。

对于自己的能力保持谦逊态度的益处是：这会激励你不断学习成长；此外还会使你尊重别人的观点与才干，使你在决策过程中广纳博采，而且更加愿意将工作任务分配下去。这些都是一位领导者应该具备的有益特点。

对别人谦逊

谦逊的领导者更加善于增强团队的工作自主权。即使在历来被视为有着强烈等级色彩的中国社会，比较谦逊的首席执行官同那些不太谦逊的首席执行官相比，往往也更能调动管理人员的积极性，赋予下属更大的工作自主权。[5]

在这类研究当中，积极性与工作效率往往纠缠在一起。谦逊作风显然可以在某种程度上造就更加积极敬业的团队。在其他条件相同的情况下，比较积极敬业的团队要比不太积极敬业的团队工作绩效更佳。但是所有其他条件绝不会相同。谦逊本身也有不足，这就是缺乏远大抱负。

在远大抱负方面表现谦逊

这是谦逊本身的消极一面。谦逊的领导者不太可能挑战现有体制，有力推行变革措施，或者构建出颇具吸引力的愿景。如果你对于自己的才干估计不足，依赖别人的技能与能力，你就不可能成为一名能够开创新局面的领导者，无法率领人们实现他们自己无法实现的目标。换句话说，你不会发挥出领导作用。谦逊的领导者也许根本不是真正的领导者，但是可以成为非常出色的管理人员。

◎ 结论

同所有陷阱一样，这一陷阱也是建立在现实光环之上的幻想。尽管确实有一些谦逊领导者获得成功的实例，但是无可反驳的证据表明大多数情况恰恰相反。如果你想要发挥领导作用，就必须拥有远大的使命抱负；我们大多数人都不幸拥有一种同谦逊格格不入的优越感。这一陷阱获得 4 个独角兽评分，由于在这一陷阱背后还存在着现实的光环，所以扣除一个独角兽评分。

陷阱 40

领导者需要握紧权力

授权是个信任的问题。

◎ 陷阱 40 的本质

分布式领导力是对一个古老理念所进行的推陈出新般的再造重塑：如何在一个复杂的分散系统中担任领导工作？就当前的模式来看，上述理念肇始于教育界，然后向外传播。[1] 这一挑战已存在了数千年。当年的罗马帝国疆域广阔，情况复杂，非常分散。他们没有电子邮件与电话。这意味着罗马无法及时了解到在遥远的不列颠出现的盐税收入方面所有微小的变化情况。同时还意味着如果你手下的人在朱迪亚（Judea，今以色列南部及约旦西南部）抓错了人并将他钉在十字架上，那可不是什么好事。他们别无选择：罗马人必须派人行使领导权去管理遥远的不列颠。

这一领导理念的核心是在一个群体中分享领导权，而不是依赖一个人。这是一种有效地激发整个团队积极性，取得最佳绩效的方法。这是一个具有时代特色的理念，因为它反击了那种“领导者应该是伟人”的传统理念。它也非常符合全球化的当今如下环境：世界各地在维持中心控制权与将权力分配给团队这两者之间存在着紧张关系。使全球化团队有效开展工作，这本身可以表明分布式领导力这一理念在实践中具有多大的挑战性。[2]

这一理论的确切性质取决于你在向何人讲话。其具体实践范围并不明确：由于这个概念在学校中很流行，凡是委托任何工作的学校领导者都说自己已经将领导权分配下去了。

◎ 为何这一点很重要

这一陷阱触及领导工作的两个重要方面：控制与委托任务。分配领导权需要委托任务。但是你委托的任务越多，面临的控制挑战也越大。换句话说，如果你有一种确保控制的聪明方法，那么你就可以对于委托任务更有信心。了解控制与委托任务之间的权衡关系，有助于进一步理解分布式领导力的性质。

控制杠杆

各种组织历来有三种实施控制的方法：

• 标准与技能。中世纪行会成功地制定了行业标准。这意味着无论你在哪里，当你购买一块面包时，你知道自己买的是什么：面包的重量与原料都是一致的，能猜出来。这一传统继续传承体现在会计、教学、牙医、管道工与医药等行业中，由独立的机构来确认个人是否有资格上岗从业。

• 价值观。东印度公司是一家真正意义上的全球公司。[3]它是当年世界上最大的毒品走私集团，通过将鸦片从印度贩运到中国而大发横财。这家公司可以信任委派在世界各地的官员，原因只有一个：他们全都接受过同样的英国公学教育，这种教育在很大程度上就是为了培养出可以管理大英帝国的人才，他们具有相同的世界观。这一传统仍然传承体现在许多全球公司当中。有些这样的公司表现出十足的本国偏见：所有重要岗位都由本国国民把持着。还有一些全球公司制定一套价值观念：员工的种族、信仰与性别可以不限，但是必须遵循“一体化公司”的理念，不容忍价值观的多样化。

• 信息。从前的大型企业集团能够有效处理完全不同的各种业务组合，而且他们并不具有任何相关的明确的专业知识。他们做得非常出色之处是利用信息对管理进行监督。如今领导者可以接触大量的数据，因此能够比以往更多更快地掌握各种信息。信息与信任通常成反比。大量的汇报说明信任程度低。掌握大量信息可使领导者开展微观管理，也应该使领导者能够委托分配更多的任务。你会相信掌握的信息能向你表明何时需要后退一步。

• 过程。过程控制在汽车生产线上体现得很明显。如果这同极佳的实时数据相配合，可使任何一线操作人员根据需要使整个生产线停下来。过程控制也适用于管理工作。沃尔特·林格尔是全球化领域的无名英雄。他以一种简洁的洞察力使保洁公司及其品牌管理系统实现了全球化经营运作：如果能够将位于美国俄亥俄州辛辛那提市的保洁公司总部各种成功过程与步骤复制到明确规定每月品牌报告的长度与格式，那就可以使每个国家都成功地管理自己的各种品牌。控制措施就包含在由一些国际高级主管支持的管理系统中，他们负责管理系统的正确实施运行。在互联网兴起以前，他们的管理系统非常实用，获得很大成功。[4]

实际上公司与领导者综合运用各种控制方法。

委托任务

领导者经常发现难以将任务委托分配下去。表 40.1 中列出了一些委托任务时说出的理由与真实的理由。

归根结底，委托任务涉及信任。委托任务时，就产生了一种依赖关系：依赖别人为你办事。大多数领导者愿意控制人和物，而不愿意依赖别人。为此，你必须能够依靠有效的控制系统，使自己确信可以委托分配任务。

表 40.1　委托任务时说出的理由与真实的理由

说出的理由	真实的理由
这太重要了	在这件事上我不信任我的团队
由我做更快一些	在这件事上我也不信任我的团队
只有我才具备这样的能力	我不相信我的团队具有这样的能力
我对此负责	信任我的团队？你在开玩笑吧

续表

说出的理由	真实的理由
我的团队太忙了	我绝不会信任我的团队

◎ 给领导者的教训

如果你不想成为孤独的英雄式领导者，就需要将你的领导责任在整个团队里进行委托分配。你会知道他们能做什么，不能做什么。但是这也涉及建立控制机制，使你有信心委托更多的任务与责任。如果你掌握了正确的信息与程序，团队也拥有正确的标准与价值观，掌握了适当的技能，向他们委托任务与责任应该很容易。如果你觉得难以委托任务，你可以做两件事：

• 照照镜子，看看你是否需要很大的控制权。

• 想想可以如何改进控制杠杆，比如价值观、工作技能与标准、信息与过程。

◎ 结论

分布式领导力的需要已经存在了数千年。其实它并不是一种领导力理论，而是一种许多领导者苦苦应对的领导现实。独角兽评分为0。

陷阱41 | 领导者必须同时具备交易型与转换型领导力

你要做的是掌握领导力，不是掌握领导力理论。

◎ 陷阱41的本质

这是两个相互关联的陷阱，因此你以一个陷阱的代价获得了两个陷阱。这一陷阱还涉及另外五个陷阱与领导力理论。这是有原因的：交易型与转换型领导力理论反映出关于领导力性质的更广泛的争论。

这些陷阱肇始于20世纪70年代。当时在重要会议上身居要职的领导者经常围绕上述两种领导方式的优点展开争论。这种争论发扬了马克思与黑格尔的辩证法传统，[1]一个论点（转换型领导）产生出一个对立的论点（交易型领导），最终出现一种综合结果：两者你都需要一些。资本主义世界的领导者是否认为自己遵循了马克思主义传统，这一点是值得怀疑的。

虽然有关这两种领导方式的争论仍在继续，最初的争论体现出涉及领导力性质的一些挑战与真理。

◎ 为何这一点很重要

交易型与转换型领导力体现出截然不同的领导方式。你选择哪种领导方式这很重要。这里涉及基本的争论：决定选择哪种领导方式。

转换型领导方式

• 任务。重点是在团队内部建立信任关系。将全体团队成员动员起来，进一步提高他们的工作积极性、道德意识与目的性。让他们具有强烈的身份感与使命感。

• 领导者的特点。你要具备个人魅力，富有感召力，有能力激励、影响与说服别人。你要挑战现状，寻求变革。

• 指导信念。人们希望有好的表现，你可以信任他们。你的团队会目标明确地努力寻求实现远大愿景，并且肯将愿景与有关工作人员摆在比自己重要的位置上。

交易型领导方式

• 任务。打造一个有效运转的团队机器。树立明确的工作目标，奖罚分明。保障每个团队成员的个人利益。

• 领导者的特点。你应该做到有条不紊、善于分析、客观公正、维持现状。

• 指导信念。团队都自私自利、讲究实利。他们寻求获得最大快乐，并将痛苦减到最低程度。

这个陷阱反映出有关领导力的无休止各种争论。下面列举的是这种争论在

3 种经典管理理论上的三种反映形式：

• 马斯洛需求层次理论。马斯洛认为，我们都离不开各种需求。[2] 一旦我们满足了对食物、安全与水的基本需求，接着就要追求更高层次的需求，直到捐献一所大学流名百世。我们总想以某种方式满足更多需求。交易型领导模式认为，团队处于马斯洛需求层次的最低端；转换型领导模式认为，团队已经满足了自己的基本需求，目前正努力在工作中寻找人生意义。

• X 理论与 Y 理论。[3] 两种理论对于雇员有着截然不同的看法。X 理论持悲观态度，认为人们工作只是出于私利，只有明确的奖罚才能够激发他们的积极性。Y 理论比较乐观：人们具有表现良好的积极上进心，努力提升自己，并在工作中寻找人生意义。你采取什么样的管理方法、控制方法与奖励措施，取决于你信奉 X 理论，还是信奉 Y 理论。X 理论符合交易型领导模式；Y 理论符合转换型领导模式。

• 以任务为重点，还是以人（或者以人际关系）为重点的领导模式。许多评价系统背后都存在着这种取舍权衡关系。你重点关注的是目标、结果、任务与结构，还是沟通交流、人际关系、团队福祉与工作效果？答案当然是两方面都需要兼顾。但是大多数领导者明显地偏向一方面，而忽略另一方面。

如果你还没有表示赞成交易型领导模式或转换型领导模式，此处再介绍另外一种理论，它会使你赞成上述两种领导模式。

• 情景理论[4] 认为，在不同情境下需要运用不同的领导模式。因此这个主题会有数不胜数的各种解释，但是其基本思想是需要适应不同的情况。例如：交易型领导模式在目前发生危机，求生存成为重点的情况下非常奏效。火灾与其他灾难不会成为激发我们策划未来愿景的灵感。当人们工作积极性较低，只想知道他们需要做什么时，交易型领导模式也很奏效。这体现在依靠电脑算法开展管理的当代趋势上：依靠电脑将司机、仓库拣选人员以及其他人员管理起来，告诉他们该做什么，如何去做。这种算法效率高，学习速度快。如果你的老板就是一种算法，那么他就会成为一个暴君，不断向你提出越来越多的要求。

对于那些不赞成微观管理，但是想要在工作中寻找人生意义与目的的专业人员来说，转换型领导模式非常奏效。不过作为一种理论，它对于领导者要求过多。能够鼓舞人心，又富有个人魅力的领导者很少见。将你的团队提升到更高的道德水平上本是一件好事，但是这样做既无必要，可行性又不大。

◎ 给领导者的教训

避免纠缠过多的理论

如果你开始在领导力理论的海洋里学习游泳，很容易溺水。你要做的是掌握领导能力，而不是掌握领导理论。

领导者必须要开创新局面

他们必须开创新局面，这很重要。但是为了开创新局面也不必富有个人魅力。

交易性领导模式更接近管理

这涉及建立一种机制，帮助你执行各种任务。领导者需要这种机制（交易型管理模式），但是也需要发挥团队的作用（转换型领导模式）。交易型与转换型领导模式之间的马克思主义式辩证关系已经达到了融为一体的程度：要想发挥领导作用，两种理论你都需要一些。

◎ 结论

上述两种理论均有陷阱与现实的成分。领导者需要具备转换与交易两种领导能力。他们需要管理员工与任务，激励员工，控制局面。领导者必须全面兼顾，别无选择。由于两种都是正确的，所以独角兽评分应该为0。但是由于相关争论只能有一种选择，所以应该给予5个独角兽评分。这就导致一种不能令人满意的妥协，获得3个独角兽评分。

陷阱 42

领导者都要拥有真诚领导力

你不可能通过变成别人而获得成功，你也不可能仅仅凭着保持本色而获得成功。

◎ 陷阱 42 的本质

真诚领导力是一个不易把握意义的陷阱，因为对于它的确切含义还没有达成共识。对于不同的人，它具有不同的含义。

在有关真诚领导力的讨论中始终会提及如下两个特点：

• 领导者必须保持自己的本色。

• 真诚的领导者不隐瞒自己的思想与信念。

在这两个重要特点的基础上，人们提出了自己希望真诚领导者应该具备其他特点：真诚领导者积极征求别人的意见，处事公正，具有强烈的道德意识。换句话说，“真诚”就是“理想化”的代名词。定义越宽泛，其价值就越小。

◎ 为何这一点很重要

为了探讨这一陷阱，我们重点解析上述两个领导特点。

领导者必须保持自己的本色

在某种意义上，这是一个不言而喻的道理，对大量的领导力文献提出了质疑。你会发现许多论述领导力的著作均声称揭示出从成吉思汗到史蒂夫•乔布斯等多名领导者的领导秘密。但是这些著作有一个共同缺点：你不可能通过变成别人而获得成功。如果你想要具备纳尔逊•曼德拉与海军上将霍雷肖•纳尔逊两个人的优点，但最终你会感到困惑。

同样，如果只想保持自己的特色，也会遭到失败。如果你像青少年一样怀着青春的焦虑四处徘徊，等待着世界承认你的天赋，那就要长期等待下去。这样我们便面临着一个悖论：你不可能通过变成别人而获得成功，也不可能仅仅凭着保持本色而获得成功。由此看来，我们还是放弃为好。但是，仍然有解决办法等待着我们去发现。

真诚的领导者不隐瞒自己的思想与信念

这一看法似乎没有争议。如果想得到别人的信任，你就必须真诚，不隐瞒自己的思想。你在考虑个人生活或职业生活时，会看到真诚可能经常造成一些问题。同真诚相比，还是小心谨慎为好。

有位反思自己领导历程的首席执行官突出强调了真诚与小心谨慎之间的这种矛盾关系：

我年轻的时候经常生气、感到失望，还明显地表现出来。因此我总是遇到麻烦。现在我仍然生气、感到失望，但是我已经学会戴上领导的面具。我的情绪会影响到我的团队。如果我想让他们表现积极，体现出专业水平，我必须一直戴着这个面具。我戴的面具发挥了重要作用。

你应该一直态度真诚，不隐瞒自己的思想与信念吗？

◎ 给领导者的教训

领导者必须保持自己的本色

解决领导工作中的上述矛盾并不难：领导者必须成为最好的自己。

你不能够丢掉本色，假装成别人。你也没有必要这样做。幸运的是，领导工作是一种团队行为。你能够，也应该建立自己的团队，使团队整体上拥有全面均衡的技能、风格与优点。努力寻找能够在某些方面弥补你本身弱点的团队成员。如果你讨厌记账，就要学会喜欢记账员，他们可以使你免受地狱般的记账之苦。

但是仅仅保持本色还不够。每一个领导者还必须具备一两个突出优点。要了解自己的优点并发扬光大；要寻找需要你的个人优点的职务与公司，因为这会使你将来事业发展，步步高升。如果你想充分发挥自己的优点，就必须终生学习，不断发展。任何领导者均有继续学习发展的必要。总有新的挑战需要应对，总有新的技能需要学习。

真诚的领导者不隐瞒自己的思想与信念

如果你的思想总是具有积极的建设作用，你很幸运，完全有可能成为非常优秀的领导者。在绝大部分时间里，我们都可以做到态度积极，保持建设性的倾向。但是绝大部分时间都不重要。我们并不想绝大部分时间里让工作累心。真正考验人的重要时刻是当事情进展不顺利的时候：那时你会做出什么反应？

这正是真诚可能变得危险的时刻。你需要毫不隐瞒地讲清楚形势，因为人们想要知道发生了什么情况，他们的处境如何。但是如果你感到愤怒、失望，想要报复别人，那么此时不隐瞒自己的情绪就会造成灭顶之灾，使你的团队在恐惧与指责当中分崩离析。这时，你需要戴上领导面具，体现出你希望自己的团队跟着效仿的工作风范。

甚至对于自己的思想也需要小心谨慎。有时你会认为有人一直表现懒惰、粗心草率、不诚实，或者非常愚蠢。如果你将自己的想法表露给那个人与其他人，就会造成冲突。你的判断甚至一开始就可能是错误的。对于灾祸经常有许多天真的解释。因此，不要急于透露自己的看法，小心谨慎不会吃亏。要暂时守口如瓶。争取点时间，让自己看清楚到底发生了什么情况。

◎ 总结

1. 发扬优点，克服缺点。领导工作是一种团队行为（有人认为这也是一种陷阱，参见陷阱 43），因此应该寻找一些能够弥补你个人弱点的成员。

2. 时刻准备戴上领导面具，为团队成员做出表率。

◎ 结论

这一陷阱所言正确，但是有可能起着误导作用。你必须真诚，因为你不能成为别人。但是这样还不够。你必须成为最好的自己。所以这个陷阱让你保持自己的本色，故而也使你误入歧途。也就是说，即使这个陷阱所言正确（独角兽评分为 0），因为有可能起着误导作用，所以获得 2 个独角兽评分。

陷阱 43

领导工作是一种团队行为

你面临着创建团队与聚拢一群人的权衡选择。

◎ 陷阱 43 的本质

这是一个危险的陷阱，因为它处在领导力陷阱的核心位置上。

这个陷阱之所以出现，是因为领导工作的性质变了，它再也不是伟人与孤独的英雄率领众人奔向光明未来的历程了。业务错综复杂，情况瞬息万变，谁也无法左右逢源。如今“众人”不再是受教育程度偏低的民众，而是受过高等教育的专业人士，他们希望能够参与塑造未来。在这一新形势下，领导工作必须是团队行为，而不是个人行为。

但是本书的主旨，以及所有优秀领导者的突出特点就是时刻准备挑战一切。在大多数时间里，假设是有益的心理捷径，但是如果不能得到充分理解，也可能具有危险性。本着这一精神，对于“领导工作是一种团队行为”的理念提出挑战还是有意义的。

◎ 为何这一点很重要

孤独英雄式的领导者与团队领导这两个概念之间存在着天壤之别。因此理应知道哪种领导模式更加有效。

在理论上，团队领导合情合理。它能释放出团队的全部创造力与能量，使不同的才能与风格大放异彩，减少依赖一个人的风险。

但是在实践中，这种领导模式同理论相脱节。这就是一个现实问题；它永远不符合理论的要求。要想看到理论同时间之间的差别，不妨亲自观察以下董事会会议或者执行委员会会议。在理论上，这就是领导团队共同开展领导与管理业务工作。在实践中，领导团队其实不能发挥团队的作用。会议更像是董事长与坐在桌旁的每个人之间举行的一系列乒乓球比赛。每个业务单位或部门都要提出几条建议，会议主席也会回应一些问题。董事长与第一个业务单位之间的较量结束后，就该下一个业务单位同会议主席进行较量。别人都闭口旁观，力争掌握一些有关怎样对付董事长的线索，观察他心情如何，使用的是什么手腕。

在实践中，领导团队所起的作用常常就是一群个人，而不是一个团队。这里有一些理性原因、政治原因与情感上的原因。

• 理性原因。责任可以共同分担，但是问责却不能。明确的问责意味着每一个业务单位都要为自己的绩效负责，这就导致同董事长之间的一系列较量。

• 政治原因。在董事会层面上有一个生存规则：不干涉别人的事情。谈一谈自己对同事缺点过失的看法也许很有诱惑力，但是却可能招致铺天盖地的猛烈反击。为了生存，你必须坚守自己的地盘，不过问别人的事情。

• 情感原因。老板们喜欢发号施令。董事会会议正是他们可以逞威风的场合。每次和一位董事打交道相对比较容易，当你要举行每个人都发表意见的公开讨论时，结果就更加难以控制。董事长的意见只是公开讨论中的诸多意见之一。在一对一的讨论中，老板就是出智慧、主公道、做决定的人。

团队领导这个概念不易把握。团队成员之间可能高度相互依赖，就像在花样游泳或美国职业橄榄球大联盟比赛那样。在后一种比赛当中，每个选手都必须发挥出色，但同时又完全依靠全队其他选手才能取得好成绩。相反，在高尔夫球比赛中，每个选手的成绩并不取决于本队其他选手的成绩。即使本队输掉比赛，选手个人当天仍然会过得愉快。

◎ 给领导者的教训

对于领导者而言，这一陷阱既具有一般教益，也具有具体教益。

一般教益是随时准备挑战每一种假设，甚至包括你自己的最基本假设。即使你觉得自己的假设一直正确，你也要明白它为何正确，如何才能有效地加以运用。

具体教益关系到如何建立你的领导团队。你面临着创建团队与聚拢一群人的权衡选择。具体而言，就是处理好责任与问责之间的关系。为了提高工作绩效，你需要有明确的问责对象，需要知道谁对什么负责。这会迫使团队变成一个仅仅由个人组成的群体，而不是真正的团队。一般而言，你需要在五个方面要求你的团队真正发挥出团队的作用：

1. 发展战略。你需要依靠团队的智慧提出最佳发展战略，也需要整个团队齐心协力贯彻发展战略。

2. 价值观。领导团队为公司其余员工确立行为基调。因此领导团队应该明确提出一整套价值观，这一点非常重要。其中的一个核心价值观是团队协作。如果领导团队起不到团队的作用，那么你也不会期望在公司基层看到很多团结协作的场面。

3. 预算。资源分配是领导工作的一个核心职责。高级主管面临的诱惑是表现得像工会代表一样，竭力为自己的会员谋求最佳利益，而不顾公司的整体利益。在这方面价值观显得非常重要：人们认为他们应该为公司效力，还是应该为自己牟利？

4. 员工。员工是大多数公司的最宝贵资源，尤其在服务行业。整个领导团队需要努力发现、留住与培养未来所需的人才。

5. 重要举措。大多数公司都有一两项旨在推进公司业务的重要举措。最有力的举措要求公司各个部门全都参与进来。例如，客户至上这一举措并不仅仅是针对销售工作，甚至财务与 IT 部门也要在其中发挥重要作用。

◎ 结论

这是一种在理论上应该正确（独角兽评分为 0），但实际上常常错误的陷阱（5 个独角兽评分）。实际情况常常与理论不符，令人烦恼。但是在这种情况下，大多数领导者至少试图使领导工作成为一种团队行为。获得 1 个独角兽评分。

陷阱 44

领导工作需要大量金钱

巨额财富并不是卓越领导的象征。

◎ 陷阱 44 的本质

大侦探夏洛克·福尔摩斯使警察注意到了“那只狗在晚上的奇怪表现”。警察表示不满地说，那只狗在晚上什么也不干。“这就奇怪了！”福尔摩斯回应道。[1]

有时，我们看不到听不到的事情同我们能够看到听到的事情一样重要。但是正如福尔摩斯故事中所表现的那样，很难注意到隐蔽的线索。那么，各种领导力理论中到底缺了什么呢？

明显缺了钱。没人谈论钱。在大型晚宴上，钱与性、死亡以及宗教等话题通常是避免谈论的，因为争议很大。关于性与领导工作，可写的内容当然很多，不过此处我们重点论钱。对于领导专家而言，钱难道是太肮脏吗？

钱，对于领导工作很重要，原因有两个：

1. 如果你想担任领导工作，通常就需要钱。

2. 许多领导者赚取了巨额财富。这就引向了一个基本问题：人们担任领导工作的动机是什么？

我们将依次探讨这两个同钱有关的问题。

◎ 为何这一点很重要？

需要钱

有时领导者根本不需要钱就能够发挥领导作用。众所周知，在“9·11”恐怖袭击中，威廉·罗德里格兹是最后离开世界贸易中心的人。他最后离开那里是为了返回去把人们带到安全的地方。如果领导力的定义是“率领人们实现他们自己无法实现的目标”，他就是真正在发挥领导作用。他在发挥领导作用时需要的是勇气，而不是钱。

但是在大多数情况下，领导者发现没有金钱你就无法改变世界。甚至那些躲避财富，或者抨击资本主义的领导者要想获得成功也离不开钱。

• 众所周知，圣雄甘地生活在贫困当中。他的诗人挚友萨利基尼·奈度对他抱怨说："你知道为了使你生活在贫困当中，我们要花多少钱吗？一笔巨款。"[2] 这意味着为了要使他领导的运动继续开展下去，他离不开像冈萨亚·塔兹·贝拉那样的有钱人的支持。[3]

• 卡尔·马克思在经济上依靠富有的资本家弗里德里希·恩格斯[4]，从而能够静心撰写《资本论》，为共产主义革命铺平道路。他需要依靠资本家来消灭资本主义。

• 大多数在冒险活动中历经巨大困难的探险家，在实际探险中花费的时间很少。他们将大部分时间用于通过投资者，通过演讲与出书来募集资金上，过得比较乏味单调。有时我们要为极度艰难的生活付出巨大代价。

钱是远大抱负的助推剂。没有任何资金支持的好主意无异于白日梦。为了把想法变成现实，领导者们也需要钱。无论你领导的是一个国家还是一个服务团队，道理都一样。实际上，钱是领导工作获得成功的三大支柱之一：

1. 想法：你需要有一个关于如何发挥作用，开创新局面的想法。

2. 团队：你需要有一个将梦想变成现实的卓越团队。

3. 钱是想法与团队的助推剂。

钱的重要性，反映在首席执行官的资历背景上。在英国顶级的前 100 家上市公司当中，一半的首席执行官有财务工作背景，有 1/4 是合格的注册会计师。[5]《财富》500 强公司的首席执行官，有 1/4 是从首席财务官中任命。[6] 财务部门正在执掌各家公司命脉。由此看来，谁还能说钱对领导工作不重要？

领导者与财富

不是所有的领导者都受金钱的驱使。我们很难指责教皇是唯利是图的人。众所周知，何塞·穆吉卡在 2010 年至 2015 年担任乌拉圭总统期间，将自己 90% 的工资捐给了慈善机构。他开着一辆 1987 年款的大众甲壳虫汽车，住在很简陋的房屋里。[7] 但这往往都是例外情况。

大多数领导者都很爱钱：他们拿到手的钱远远超出一般人的正常需要。2014 年美国 350 家顶级公司首席执行官领取的平均报酬达 1640 万美元。把这些钱用来买你一生的香槟酒也花不完。这些钱相当于普通员工薪金的 350 倍。1965 年，首席执行官平均所得报酬只相当于普通员工薪金的 20 倍。[8] 我们不知道这些首席执行官实际上在领导着多少员工，也不知道有多少首席执行官仅仅是管理他们继承的一份遗产。

金钱与权力历来形影不离。众所周知，法国国王路易十四当年对国会说过：“朕即国家。”[9] 他的话语反映出自古以来的统治者信条：国家财富属于国王。同样的原则也适用于当今的企业家：“我就是公司。”

财富引起的问题是：要想激励人们成为领导者，是否离不开金钱。这种情况没有任何理由出现。人们当领导的目的通常就是为了开创新局面，无论是在社区，还是在别处。开创新局面与赚钱完全是不同的概念。巨额财富并不是卓越领导的象征，也不是人们要当领导的动力。

◎ 给领导者的教训

钱很重要

如果你想改变世界，钱就是你的想法与团队所需要的积极促进因素。

要有钱的意识

这并不是说必须成为会计师，而是说必须懂得如何筹款，如何分配资源，做好预算。

认清自己的动机

自我价值并不能用资产净值来衡量。财富只能证明你多么富有。当有人问银行抢劫犯“滑头威利”为何抢银行时，他回答说：“因为那里有钱。”[10] 如果你想要钱，就应该到有钱的地方去。如果你想要权力，就应该到有权力的地方去。如果你想要名，哪里能出名你就到哪里去。如果你想成为领导者，就要开创新局面。你应该清楚自己想要什么。

钱并不能证明你是一位优秀的领导者

如果你想被人视为一位领导者，其成功的衡量尺度就是你在多大程度上率领人们实现了他们自己无法实现的目标，你在人们心中是一个什么样的楷模。

◎ 结论

钱对于领导工作具有重要意义，因为没有钱就难以开创新局面，因为领导者（或者至少是首席财务官）如今可以比以前赚到更多的钱，从而引起人们对于精英人物的普遍不满。这是一个没有明说但却非常危险的陷阱。5个独角兽评分。

陷阱 45

领导者就像茶叶袋

如果我们想要学习，我们可以向一切事物学习，甚至包括茶叶袋。

茶叶袋领导论认为，领导者就像是茶叶袋——只有将茶叶袋浸泡在热水中，我们才知道茶叶袋有多好。[1]

说得更加直白一些，领导者的能力如何，要通过一些关键时刻（常常是危机时刻）才能检验出来。

◎ 为何这一点很重要

这一陷阱非常重要，因为许多领导者喜欢将自己说成是“成功人士”，常常将各种挫折从他们的记忆中抹去。这会给人留下一种有关领导历程的虚假印象。绝大多数领导者都会在某一时刻遭遇挫折与危机。从未失败过的人自信心不足，平时看他们的言谈举止有模有样，但是一听到枪炮声他们就会缩成一团，不知所措。借用尼采的话来说：“凡是不能将你摧毁的，必会使你更加强大。”[2] 危机将追随者群羊同头羊区分开来：遇到危机时追随者纷纷退却，而领导者则挺身而出。

危机并不是领导力磨炼历程中的层层障碍，而是领导力磨炼历程中的宽阔大道。领导者应该敞开臂膀迎接危机，而不要回避危机。

◎ 给领导者的教训

如果危机既能成全你，也能毁掉你，那你就应该知道如何充分利用危机。以下介绍的几项措施仅供参考，但是学习处理危机的最佳途径是亲身经历危机。你最好一开始观察别人如何正确处理或错误处理危机的实际过程。你最初遇到的一些危机最好都不大，这样有利于你的学习成长。学习处理危机同学习领导工作的其他技能一样：主要是识别模式，寻找规律。一部影片看过几次后，你就会知道接下来要发生什么事情，并且做好相应的调整。但是从亲身经历中学习识别模式、寻找规律可能会比较痛苦。为此，你要尽快了解一旦处于水深火热之中应该如何采取哪些应对措施：

1. 尽早发现问题。各种问题很少自动消除，反而是愈演愈烈。因此采取行动越早越好。

2. 掌控局面。挺身而出，提供解决方案。为成功负责，无论危机是由谁引起的。等下次再去责备别人（下辈子再去责备吧）。

3. 重点关注能做的事情，而且尽快采取行动。向前看，不要向后看。努力行动起来，而不是坐而论道。重点关注可以解决的问题，忽略无法解决的问题。

4. 寻求支持。不做孤独的英雄，因为孤独的英雄最终常常没有活路。有人与你共同面对问题，就等于解决了一半的问题。

5. 加强沟通。禁止谣言四起，一定要人们听到你希望他们听到的具有建设性的积极信息。

6. 保持积极态度。同你的所作所为相比，人们更容易记住你处事为人的态度。如果你显得很有信心、目的明确，你就会比显得恐惧与困惑时更有可能获得成功。

最后要记住：各种危机都是很宝贵的学习机会。无论危机性质如何，是好是坏，你都可能把一些事情做好，使其他事情得到改进。同时向有利与不利事物学习，不断增强自己的危机处理能力。

◎ 另一种茶叶袋领导论

第二种茶叶袋领导论认为，领导者所需要的就是大量的茶叶袋。下面所讲的海伦的故事证实了这一理论。

海伦的故事

海伦被任命为领导全国植物租赁业务的负责人。植物租赁属于“建设者鲍勃”的工作范围。“建设者鲍勃”主要是由挖掘机与起重机组成的男孩俱乐部，但是海伦不是男孩。这在那帮男孩中间引起了恐慌，因为他们不相信一个女孩真正能够成为“建设者鲍勃”。

但是海伦有一种秘密武器：茶叶袋。她巡查了国内每一个仓库，在那里坐下来同男孩们一起品茶。她问他们想要改变什么。大多数都是一些简单的事情。在一个城镇里，男孩们感到不开心，因为他们用的国旗又旧又脏。每天早晨升起这样的国旗，使他们觉得很是尴尬。于是，第二天早晨海伦让他们拿到了一面崭新的国旗。在另一个仓库那里，男孩们也感到不开心，因为他们没有存放私人衣物和工具的地方。没过一周，每个工作人员在仓库里都有了自己的储物柜。

当巡查结束后，海伦已经成了一个传奇式的人物。就连最易怒的男孩也承认海伦是个很好的人，即使他们怀疑她是否真的能够正确操作挖掘机。

从那时起，每当她前往仓库视察时，她都要保证带上很多茶叶袋，因为交谈是好事，但是倾听更好。

为何这一点很重要

这种茶叶袋领导论与第一种截然不同。第一种茶叶袋理论重点放在了确定关键时刻的含义上；第二种理论的重点是能够产生重要影响的各种小事情。

陷阱 10 表明，领导者与追随者们的各自动机有很大差别。这种茶叶袋理论体现出领导者可以对待下述关键的动机问题的一种方式：“我的老板关心我和我的职业（同意 / 不同意）。”你关心，就要花费时间，也可能还需要在一起饮茶。没有任何简单的四步骤、在方框里打钩的工作指南可供你参考，用于激励团队成员。这是一个永不完结的过程，其中包括层出不穷的大小事件。立即表示感谢，在冷水机旁聊上几句，在仓库那里喝一杯茶：所有这些事情都是你表示关心下属的好机会，应尽快找到对你有效的各种措施。

给领导者的教训

领导力研究中充斥着各种幻想，有时还会冒出一些奇谈怪论。实际上我们可以在任何地方学习领导技能，向任何人、任何事物学习。关键是要敞开心扉，睁大眼睛仔细观察。如果我们想要学习，可以向事物学习，甚至包括茶叶袋。

◎ 结论

不能因为有的理论显得奇怪便说它不正确。在中世纪时期，“地球是圆的”这一思想显得荒诞不经。领导者可以通过比较温和的方式向茶叶袋学习。这是一个没有独角兽的区域，因为这一陷阱所言是正确的。

Myths of Leadership

Part

6

我们对领导工作的看法

陷阱 46

领导者都是孤独的

权力产生距离。

◎ 陷阱 46 的本质

初看上去，这一陷阱还是一个……陷阱。

看看大多数领导者的日记就知道，那里面整天记满了各种会议，领导者的工作日一般都很长。领导者的真正问题是他们并不非常孤独，他们没有足够的安静时间来思考问题，评估局面。

有关领导力的研究文献重点研究两种人：一种是声称自己每周能工作 100 小时，极度活跃的领导者；另一种是思想深刻，将很多时间用于思考的领导者。众所周知，具有传奇色彩的投资人沃伦·巴菲特，将 80% 的时间都用在了读书与思考上。[1] 巴菲特在每一方面或多或少都是一个局外人。作为一个基金管理者，巴菲特需要时间来思考、阅读与分析。这就是他的工作。领导者喜欢给人留下精力充沛、积极肯干的印象。他们就是这样做的，他们在日记里写的也都是这样的内容。

但是再看一遍你就会发现，这个陷阱也许根本就不是陷阱。它准确地反映出大多数领导者的亲身经历。他们每天与人打交道，怎会感到孤独呢？

其实孤独感就是这样产生的。作为一个中层管理人员，你习惯了别人质疑你的想法：老板会告诉你他们会怎样看待你的工作表现，你的缺点也会被别人注意到；但是当你担任最高职务时，一切都会发生变化：

1. 你开个玩笑，大家听了都会笑，而以前他们却置若罔闻。

2. 你的不成熟想法不再会遭到贬低；相反，你会发现有人离开后将它整理成了一个建议。

3. 你发现公司里现在发生的各种事情都是为了讨得你的欢心，即使你没有发表过有关看法。

4. 每个人都带着一个想法找你商议，他们全都希望能够分享你的时间、你的支持和预算。

5. 你启动的每一个项目都被认为是成功的，即使失败了也是这样。

◎ 为何这一点很重要

问题的关键是权力：权力产生距离，而距离则使领导者有一种孤独感。最终领导者会怀疑是否还有值得他们信任的人。缺乏信任有两种表现形式：

我能相信有人会告诉我真相吗？

更具反思意识的领导者认识到，别人对他们讲的话都是他们想听的话。他们知道，自己在向上奋斗的过程中学会了忠诚：不欺骗老板，一直支持老板。但是忠诚是以牺牲诚实为代价的，这就是为什么许多领导者非常重视“走动式管理”的原因。他们想亲自耳闻目睹市场上、工作中或者其他方面出现的实际情况。他们相信自己的眼睛，而不太相信放在办公桌上的各种报告。他们牢记着英国著名谍报小说作家约翰·勒卡雷说过的一句话：“办公桌是看世界的一个危险地方。”[2]无论间谍活动还是领导工作，莫不如此。

我能让别人做出重要决策吗？

有些领导者是从表面上看团队做出的反应。他们开始觉得自己才是真的聪明睿智，团队现在依赖于他们的非凡才华与洞见。这就是权力的腐败方式。领导者会认为自己是不可缺少的人物。他们亲自做出所有的重要决策，而当事情进展不顺时，则又责备团队执行不力。这是全世界独裁者的惯常做法。从领导者变成独裁者以后，除了独裁者本人以及少数几个心腹以外，其他所有的人都要遭殃。

当你觉得没有一个人可以信任时，你会感到非常孤独。

◎ 给领导者的教训

作为一个领导者你越有影响力，别人就越是想要从你那里得到些什么：他们想要占用你的时间，获得你的支持与资源。也就是说，他们会奉承你，支持你，赞美你。你会发现，敢于当面质疑或批评你的人越来越少了。

保持客观冷静

无论有多难，你都需要去发现真相。你应该找客户、供应商、竞争对手与员工谈话，绕过正常的沟通交流渠道。在公司内部，要认清奉承的本来面目。密切关注别人在说什么，怎样说的。鉴于领导者很少受到质疑或得到反馈信息，你必须勇于对自己做出最严厉的批评，应该不断质疑、检验自己以及自己的看法。

多听少说

第二次世界大战中有一个口号告诫人们间谍的危险性："闲谈使人丧命。"领导者很快会明白，要为闲谈付出很高的代价：你随便说出的话会被视为赞成或反对意见，结果有人就会采取相应的行动。过后再说这样的话没有任何益处："我的真正意思是……"那时可能已经造成了损失。最优秀的领导者长着两只耳朵、一张嘴，他们也会相应地用耳用嘴：多听少说。在会议上观察一下领导者就会发现，工作效率最高的领导者言语不多，但是他们往往在适当的时候提出一些聪明的问题。如果你提出了正确的问题，可以依靠团队来提供答案。

相信你的团队

提出问题是一种分配任务的好方法，而提供答案则是亲自承担责任的好方法。作为一名领导者，你不必逞英雄，一切都自己大包大揽。人们会根据你的团队所取得的成绩（而不是根据谁做出的成绩）来评判你。即使你不相信你的团队会一直将全部真实情况都告诉你，你也必须委托他们做出决策并采取行动。如果你想要当英雄，你肯定会不堪重负。

找一个人使你保持诚实的作风

尤里乌斯·恺撒在凯旋的过程中让一个奴隶不断地重复这句话："记住，你是人。"如今作为领导者，你不会拥有奴隶，但是需要有人私下里不断地质疑你、批评你、支持你。如果你想要在工作中处于主动地位，或者努力改进工作，就必须相信他们能够将事实真相告诉你。离开质疑，你就会做出不好的决策。离开质疑，只有当董事长在你的肩胛骨之间温柔地捅上一刀，你才知道自己的工作业绩究竟如何。对你讲出事实真相的人可能是导师或配偶；可能是即将退休，无所畏惧，讲出真话既无所得也无所失的员工。应该找一位你信得过，能够讲真话的心腹之人。

◎ 结论

从字面上来看，领导者显然绝不会感到孤独，因此这一陷阱应该获得 5 个独角兽评分。但是从心理层面来看，这一陷阱所言却是正确的：领导者可以求助、完全信任的人非常少。由于指出了这一点：权力既孤独又危险，因此这一陷阱的独角兽评分为 0。

陷阱 47 领导者在任何时候都责无旁贷

分享信誉是获得信誉的好方法。

◎ 陷阱 47 的本质

美国总统杜鲁门在办公桌上摆放了一个标牌，上面写着“责无旁贷”。至少在领导者还拥有专用办公桌的时代，这个标牌在别处的办公桌上也被效仿多次。

这个标牌触及了经常被混为一谈的两个领导概念的要害：问责与责任。这两者的本质区别是可以只有一个人被问责，但是许多人可以共同承担责任。从领导者的角度来看，这意味着你绝不可以推卸责任，但是你可以尽可能将很多工作责任分配下去。分配责任，就是让别人承担工作任务，这便是领导与管理的实质。无论做得好坏，你都要为结果负责。

◎ 为何这一点很重要

这个陷阱之所以至关重要，是因为它经常遭到误解或误用。下面两个事例可以说明这个问题。

问责陷阱

所有的领导者与管理人员均认为他们负有责任，直到他们被追究责任。人的本性就是愿意为好事负责，不愿意为坏事负责。

甚至首席执行官也会落入问责陷阱。形势大好时阅读年度报告，是为了发现公司的领导者确实通过他们的献身精神与卓越才干增加了公司财富。而当公司效益不太好时，我们就要去发现“时运不济”在破坏首席执行官工作上所起的不良作用：政府是否进行过干预；市场疲软，那些讨厌的客户没有按照合适的价格购买足量的商品；卑鄙的竞争对手使用了什么明显不公平的手段。但是无论出现了什么情况，都不是首席执行官的错，他们仍然应该获得丰厚的奖金。

责任陷阱

从认为责无旁贷，到相信无所不知、无所不能的孤独英雄，中间只差一小步。许多领导者及其团队均喜欢迈出这一小步。

信奉“责无旁贷”的领导者常常不愿意将工作任务分配下去。他们会将常见的“垃圾”任务分配下去，而当出现问题时则又去责备他人。这是一种拙劣的分配任务方式。但是他们常常不愿意将最具挑战性的任务分配下去。领导者往往将最具挑战性的任务交给他们最信任的人，即他们自己。而实际上，任务越具有挑战性，就越应该让整个团队积极迎接挑战。

许多团队非常愿意让领导者本人独自承担责任。这使他们有机会将涉及难度最大决策与挑战的责任推给上级领导。这样一来，即使决策有误，团队成员也可以不负责任。将责任人推给上级领导，这是一种安稳又懒惰的团队成员做法。领导者需要将责任推回去，要相信团队，激励他们去承担责任。

◎ 给领导者的教训

无论顺境或逆境都要承担责任

无论顺境或逆境，最优秀的领导者均会以一种使人颇感意外的方式对待问责这个问题。顺境时，最优秀的领导者不会将所有的荣耀归功于自己。他们慷慨地与大家共同分享表扬。这样做会产生几个有益的影响。首先，这会在分享荣耀的人们当中建立起强大的信誉。其次，这会强化领导者所起的作用，因为领导者是获得成功的关键，他们清楚谁应该得到表扬。实际上，分享信誉正是获得信誉的一种好方法。

逆境时，工作效率最高的领导者时刻牢记着个人应负的责任。他们主动承担责任。这会产生一种转化效果。也就是说，整个团队可以不受责备，可以摆脱责任。他们用不着要什么手段，用不着一味地分析过去；他们可以面向未来，努力找出解决问题的办法。另外还会创造一种相互信任，积极有益的工作氛围。作为领导者，你不想寻找借口，你要的是结果。承担责任，意味着你已经不再关注借口，进而采取行动，努力取得预期结果。

你要为自己的情绪负责

这也许是最沉痛的责任教训。假设你度过了艰难而又令人失望的漫长一天。你一直在拼命忙碌，在一切都似乎对你不利的情况下努力保持镇定。接着有人出现了，想要欺骗你。他们知道该如何下手引你上钩。这时你有充分理由感到愤怒、烦恼和沮丧。但是没有哪一条法律上写着你必须感到愤怒、烦恼和沮丧。那是你自己的决定。

你应该为自己的情绪负责，明白这一点既令人畏惧，又使人如释重负。一旦你可以主动控制自己的情绪，你就不再会受到影响情绪的外在因素制约。这是一种非常重要的领导技能。人们不会因为你超今年的预算 6.4% 而记住你，倒是会记住你的为人。尤其是记住你在关键时刻，在发生危机以及出现不确定情况的时刻，你是如何表现的。只有在内心世界也有同样感觉的时候，你才能够对外面的世界展现出积极专业的面貌。无论你决定有什么样的感觉，都要仔细斟酌。

问责无法分担，但是你必须分配任务

美国总统杜鲁门摆在办公桌上的座右铭所表达的正是这一思想：责任仅仅由领导者承担。除了责任以外，你可以将其他一切都分配下去。最终你要为结果负责。如果你将责任分摊给了无力承担的员工，最后你仍然要为结果负责。既然你决定分配任务，你必须时刻对你的决策所产生的结果负责。

与问责不同，高效率的领导者必须将工作任务分配下去。无论你多么有才干，多么富有英雄气概，也不能凡事都由你自己亲自来做。如果你觉得难以分配任务，那就表明你不信任自己的团队。任何领导者的关键工作都是建立一个得力的团队。当你有信心将最具有挑战性的任务交给你的团队时，你心里明白你已经拥有了一个得力的团队。

◎ 结论

这个陷阱道出了实情，独角兽评分应该为0。但是“责无旁贷”的本意很容易遭到误解。它并不意味着微观管理，而是意味着分担责任，分享成功，意味着对你自己，对你的职业与情绪负责。鉴于这一陷阱有可能遭到误解，因此获得2个独角兽评分。

陷阱 48

领导者身居高位、工作艰辛

如果你想发现真正的工作压力，不要去公司高层：应该走访公司中层领导。

◎ 陷阱 48 的本质

有多少领导者会说高层工作轻松易做？也许那些建议多做工作，专门研究工作与生活平衡关系的专家们会这样说。如果高层工作那么艰辛，为什么每个人还都想跻身于高层？

如果我们认为高层工作轻松容易做，那就在很大程度上使这一陷阱破灭。根本没有必要付给领导者一大笔钱让他们只做一些轻松开心的事情。否则英雄式领导者的观念就会化为泡影。

领导者欣然接受“身居高位、工作艰辛”这一看法，即使有证据表明情况恰恰相反。这一陷阱包含着三个要素：

1. 高层职位充满压力；

2. 高层职位很辛苦；

3. 高层职位需要不寻常的技能。

同以往一样，由此假设高层领导者实际上正在发挥领导作用。许多高层领导者往往经受不住考验，无法率领人们实现仅凭他们自己不可能实现的目标。

现在应该将这一陷阱的每个要素逐一考察一番。

◎ 为何这个陷阱很重要？

“身居高位、工作艰辛”正处于领导力陷阱的核心位置上。下面提供的证据揭示了这一陷阱每个要素的具体含义。

高层职位充满压力

如果你想发现真正的工作压力，不要去公司高层：应该走访公司中层领导。这是压力最大，最容易产生偏执妄想的领导层。其中两个显著的压力因素是控制与不确定情况。只要人们知道自己必须做什么，而且能够控制局面，那么他们常常在遇到压力时可以提高自己的工作绩效。如果处在同样的工作压力下，你面临着各种不明确，而且是相互矛盾的工作目标，此时压力会大幅度增加：你不清楚该将时间与精力用在哪些方面。要是同时还失去了对于结果的控制能力，面临的压力便已达到了危险程度。如果你依赖同事或供应商完成一部分工作，下达工作指令，提供信息或各种资源，那么失控就会成为常态。突然间，你对别人有了依赖。

现在考察一下公司各部门的不明确情况与控制权是如何变化的。你刚刚参加工作时控制管理权很小，但是不明确的情况也少。你很清楚自己应该做什么。也许工作乏味辛苦，但是至少你知道为了获得成功你需要做些什么。到了公司高层，情况则截然不同。作为首席执行官，你有很大的控制权：你是自己命运的主人。同时你也经常面临着举棋不定的情况，因为实现目标的途径数不胜数。你掌握着很大的控制权，可以有效地将不明确情况转变为随意采取行动的自由。压力应该不大。

中层领导者在上述两个方面均无优势。相反，他们遇到的不明确情况最严重，控制程度也最差。中层领导者面临着整个公司范围内相互竞争的各种重点任务。他们之间也必须展开竞争，努力使自己获得必要的支持与资源。公司中层举棋不定的不明确程度很高，而控制权却不大。这里面临着公司内部真正的工作压力。

领导工作很辛苦

在一定程度上，领导工作确实很辛苦。但是在高层职位上，领导者可以选择使自己的工作只辛苦到他们想要的程度。罗纳德·里根是美国最成功的总统之一。他目睹了苏联的解体，冷战的结束，并将里根经济学推向全世界，还达成一项消除一整类核武器的突破性协定。对于大众眼里的一位懒人而言，这的确是不小的成绩。众所周知，里根每天晚上 8 点钟身穿睡衣裤，边吃冷冻快餐边看电视。

商界领导者也想吹嘘自己取得的各种成绩，但是可同里根取得的成绩相提并论者却寥寥无几，无论他们怎样辛勤工作。他们可以学习里根的工作方式：

1. 他知道自己想要取得什么样的成绩，专心致志，目标明确。

2. 他知道自己擅长做什么，能够集中精力，心无旁骛；虽然他也有自己的过错，但是他也被视为一个很善于沟通交流的人物。他运用这一才能使美国民众与国会服服帖帖地配合他的领导。

3. 他非常善于分配工作。当时商界的流行语是“走动式管理”，里根实施的却是“走开式管理”。他委托自己的团队为他排忧解难。

在高层工作需要不寻常的技能

这样说没错，但是无关紧要。任何职位均需要不寻常的技能。真正的问题是领导技能富富有余，还是掌握有限？如今似乎并不缺乏寻求高层职务的人才。

◎ 给领导者的教训

我在大学读书时，一位教授主动给我提出了一些职业建议。“不要以初级员工的身份加盟一家公司，应该一直以合作伙伴的身份加盟他们。”这位教授理解的没错：公司高层的生活远比中层或基层好多了。当然这也是一条完全没用的建议：不成立自己的公司，如何才能加盟跻身于公司高层？

高层领导者如果想要进一步提高工作效率，同时又减少自己的工作量，就应该向里根总统学习：

1. 重点关注处理那些可使你发挥重要作用、开创新局面的大问题。

2. 集中精力做那些你最擅长的事情。

3. 将其余的工作任务都分配下去。

说到向里根总统学习，我曾经遇到的一位最好的老板也是最懒散的老板，但他有三件事做得很好：

1. 他同资深客户建立起了信任关系，因此他们愿意为他掏腰包付钱。

2. 他侧重商议精明预算。他的工作原则是：每年辛苦一个月商议出一个好的预算方案，胜过辛苦 11 个月以男子汉的气概追逐“极富挑战性的”预算方案。

3. 他将其余的一切任务全部分配下去，这说明各个团队很喜欢他。他分配任务的方式表明他信任自己的团队，他们则通过工作绩效来回报他。

同中层相比，公司高层更容易获得一些其他工作选择。公司中层的工作最辛苦。实际上，高层领导者更愿意承担辛苦工作，因为这可以加强他们的目标意识，感到自身责任重大。但是这并不能造就优秀的领导者。

◎ 结论

很难同情那些经常抱怨高层工作辛苦的领导者。每个人的生活都不容易。同大多数人相比，领导者过的可是镀金生活。领导者主动选择了领导工作，同大多数人相比，他们是幸运的。领导者应该热爱自己的工作，不应该发牢骚。5 个独角兽评分。

陷阱 49

领导者会开创新局面

行动本身并不就是成绩。

◎ 陷阱 49 的本质

这一陷阱有可能是同义反复。如果说领导者就是要率领人们实现他们自己无法实现的目标，那么你没有开创新局面，就等于没有发挥领导作用。我们要放宽领导的定义，将领导者定义为老板。老板也能开创新局面吗？

从主观上来说，显然所有的老板都想开创某种新局面，无论结果好与坏。好老板会激励团队，坏老板则使他们士气低落。但是"开创新局面"的领导力检验难度大于你对于他们所产生的影响。检验标准就是你是否改变了团队的未来，率领他们实现了他们自己无法实现的目标。

即使按照这个难度较大的标准来衡量，许多领导者也会说他们正在发挥着领导作用。每个公司都会体现出他们在建立市场份额、开辟新市场、削减成本、吸引并留住客户、简化经营、加强人才储备等方面所采取的各种举措。公司业务活动非常繁忙，充满变化。这种业务活动与变化正是领导者的领导内容。因此这也证实他们能够开创新局面。

◎ 为何这一点很重要

这一陷阱对于领导工作极其重要。如果领导者不开创新局面，他们就可以收拾行囊回家了。但是这一陷阱包含着两个领导陷阱。

稳定底线的陷阱

这一陷阱可谓业务杀手。你在改进业务绩效上所做的全部工作常常收效甚微，原因有两个：

1. 企业熵。这是指一切事物均会不可阻挡地滑向混乱状态。有经验的员工离职，被一些初级员工所替代；客户要求发生变化；管理制度发生变化，但是不会变得松懈；税务人员总想再多收一笔税金；供应商会使你失望，随意的行为甚至会在竞争对手企图对你发难之前就造成了各种危机。在这个世界上，仅仅维持现有的绩效水平也相当不易。

2. 竞争。这是资本主义的弊端。你采取的每一项举措所具有的种种益处均可能在竞争中逐渐丧失，最终是客户受益。他们是“更好更快更便宜”的企业竞争中的唯一赢家。如果你削减成本 10%，你的竞争对手也可能同样迅速地削减成本。如果你不是处在寡头垄断的地位上，那么削减的成本不会体现在你的底线上，而是体现在客户面对的价格上。你的领导团队也许聪明能干，富有创造性，但是你的竞争对手的领导团队有可能同样优秀。你很难胜过他们。

竞争与熵意味着许多领导者都遵循着刘易斯·卡罗尔所写的《爱丽丝镜中奇遇记》中红皇后提出的建议：“如果你想到别处去，就必须至少跑得比之前快一倍！”我们将会看到，这是领导者面临的第二个陷阱。

行动本身并不就是成绩

对于绩效底线下降这个问题所做出的反应一般是工作加倍努力。有多少管理人员在抱怨公司采取的有效举措还不够？我们知道，在大多数公司里人们辛勤工作，采取了许多积极举措。但是他们很少能够改变未来。我们在陷阱 37 中指出，《财富》500 强企业有一半在一代人的时间里消失了。这些公司的领导者并不是白痴，而是像你和我一样的人。

实际上大多数公司均受到过去的束缚。他们受困于习惯惰性，很难在必要时改变前进方向。在大多数公司里，下一年预算的最佳参照指标就是今年的预算，下一年发展对策的最佳参照实例就是今年的发展战略。当然预算与对策都会随着时间而发生变化，每一种小变化都是重要讨论产生的结果。但是尽管开展了这一切领导活动，公司的命运也很少发生变化。

这并不是谴责领导者，只是反映出要想达到稳定的底线究竟有多难。如果领导者真的想要开创新局面，就不能仅仅是跑得更快。他们需要改变工作法则：购买一辆自行车，不再奔跑。

◎ 给领导者的教训

作为一位领导者，如果你想要开创新局面，就必须战胜绩效底线不断下滑的挑战，这是一项艰难任务，能够一贯出色完成的领导者寥寥无几。

领导者要在三个层面上开展工作：

维持现状

这涉及每天处理组织生活中的干扰因素。由于企业熵的原因，这是一项艰难的工作：你必须阻止渐渐滑向混乱状态的倾向。每天都会有新的挑战，阻止绩效底线下滑的战斗从未停止过。这一监管工作确有必要，但是还不够。

改进现状

在这方面，领导者不断推出各种举措，结果却在竞争中渐渐失效，最终却是竞争对手受益。这是一项典型的管理工作：想方设法改进现有的局面。这项工作虽然辛苦，但是却无风险。你要应对现有的各种体系以及工作方式。

改变工作局面

这并不是要改进现状或者追求卓越，而是敢于重新思考你的所作所为与工作方法，提出新的工作规则。不要再越跑越快，应该改变方向，或者购买那辆自行车。这听上去使人振奋，鼓舞人心，但实际情况却不一样。这样做风险很大，因为你必须挑战当今的行事方式。因此做起来很难，因为你会遇到针对任何深层变化的广泛政治抵触，事情远没有改进现有方法惯例那样简单。这既是通向成功的捷径，也可使人很快失败。

如果你胸怀领导志向，就必须要开创新局面。但是以改变未来的方式开创新局面难度极大。你必须战胜来自竞争对手、公司实体以及绩效底线下降等方面的挑战。如果你能够做好这一切，你就是一位领导者。

◎ 结论

领导者常常不清楚如何才能开创新局面，他们是否正在开创新局面。开创新局面往往说得多，实际做到的少，结果便会脱离实际，沦为幻想。领导者在开创新局面上往往言过其实。3 个独角兽评分。

陷阱 50

领导者可以真正掌控局面

只有在出现问题时，才能够认识到水暖设备的重要性。

◎ 陷阱 50 的本质

领导者都不会说自己没有掌控局面。如果你没有掌控局面，你就没有发挥领导作用。

但是身居高位并不就意味着真正掌控了局面。即使首相也会落入这个陷阱。英国首相约翰·梅杰曾受到公众以及身边幕僚的抨击，原因是“执政却不掌权”。[1] 梅杰的问题是没有制定自己的议事日程，只是随波逐流：别人在影响他的议事日程。

你是在任职工作，还是在当政掌权？

◎ 为何这一点很重要

实际上，领导者不可能完全掌控任何大型的企事业单位。与神祗不同，大多数领导者并非无所不在，全知全能。认为自己有这样能力的领导者不值得别人为他们效力。我们无法及时知道每个地方正在发生的事情，更不用说采取什么措施了。

所以领导者面临的挑战是了解他们能够而且应该直接控制什么，哪些事情可以留给相应的部门去处理。企事业单位会产生大量“噪声”：占用领导者所有时间的那些各种会议、报告、电子邮件与评估，实际上毫无作用。

尽量增大信号—噪声比

达尔文所写的《贝格尔号航行日记》[2] 记述了他本人史诗般的环球历程，为他后来提出的进化论革命思想奠定了基础。你也许认为这本书讲述的是没有止境的科学探索故事，沿途充满了挫折与突破。但事实并非如此。书中讲述了一位维多利亚时期的绅士缓慢地环游世界，寻访熟人好友，悠闲度日的故事。但是这是一次为时五年，目的明确的环球历程。

随后达尔文又花费20年时间出版了《物种起源》一书。以今天的眼光来看，达尔文的效率太低了。[3]

当时他花费五年的时间环游世界，而今一位高效率的高级主管可以在一夜之间横越大西洋，清理电子邮件，通过视频会议的手段出席一系列会议，随后仍然可以同孩子一起度过黄金时间。达尔文所做的一切仅仅是用25年的时间写成了一本书……

绝不要将开展的活动误认为工作成绩。高效率的领导者会尽量增大信号—噪声比。此处“噪声”是指商业活动中的日常干扰因素。你的信号就是你正在努力开创新局面的工作领域。

◎ 给领导者的教训

领导者必须控制噪声，同事也必须尽量增强信号。这从来都是一项左右兼顾的艰苦工作。

尽量增大信号就是具有明确的愿景与议事日程；控制噪声依靠的是卓越团队与强大的组织机构。

拥有明确愿景

当你拥有明确愿景时，就等于使信号增强到最大值。你需要有明确的想法或愿景，心里清楚你的领导业绩会怎样开创新局面，怎样使格局变得更好。如果没有你，将会出现什么情况？

拥有明确的议事日程

你的愿景会告诉你想要看到取得什么成就，为此你必须明确知道怎样才会出现那种局面。这往往会以每个人都能理解的一系列工作重点或一场运动体现出来。可以简单到如下程度：

1. 我们要将客户摆在第一位。
2. 我们要简化工作流程。
3. 我们要取得六西格玛管理质量。

初看上去，这不过是一些口号。如果你所做的只是发表有关客户的激励演讲，那么它仍然是口号。你必须将其中的想法合情合理地贯彻到底。如果客户至上，那就意味着力争让产品易于使用，使求助热线发挥作用，慷慨退款，倾听客户的要求意见，还意味着搞好其他许多服务。

控制噪声：建立自己的团队与组织机构

在处理噪声方面，领导者需要做好妥善安排：建立卓越团队与强大的组织部门。你的团队是你的最重要资产：决策制度、财务控制、汇报程序、操作系统、IT 与人员培训系统全都需要有效运作起来。水暖设备也许并没有什么魅力，但却是必不可少的：只有在出现问题时，我们才能认识到它的真正价值。

强大团队与组织部门意味着你本人不需要全知全能。他们会为你处理各种噪声，使你能够专心将信号增强到最大值，你只需要在有些例外情况下参与处理噪声即可。你永远不可能实现 100% 的控制：这样做既不可能，也无必要。但是专注于尽量增强信号，可使你控制那些必须控制的因素。这样你就能够开创新局面，率领人们实现他们自己无法实现的目标了。

◎ 结论

领导者无法控制一切，但是必须控制那些应该控制的因素，必须尽量增大信号—噪声比。使这一陷阱变得极为有害的原因是许多人陷入了草里。他们认为，如果他们忙于处理日常噪声，那就可以控制局面，他们就是在发挥领导作用。他们也许正在行使控制权，但是他们不会取得任何成就，也不能发挥领导作用。因此这一陷阱获得 4 个独角兽评分：控制是一个危险的陷阱，而且遭到很大误解。没有获得 5 个独角兽评分的原因是：领导者必须掌控自己的命运。

陷阱 51

只有领导者才是正面的榜样

领导者往往低估了他们拥有的影响力。

◎ 陷阱 51 的本质

尝试一下这个简单练习。回想那些你曾经效力过的老板以及他们取得的成就。再回想一下他们的外貌为人。你记忆最深刻的是什么？

很可能你几乎想不起来他们取得了什么成绩，或者他们开创过哪些新局面。但是你很可能清楚地回想起他们的外貌为人：他们穿什么样的衣服，他们的外貌，他们的谈话方式，他们是什么样的人。

现在思考一下人们会怎样记住你：他们会记住你取得的成绩，还是会记住你是个什么样的人？你希望人们怎样记住你呢？

实际上所有的领导者主要是作为榜样被人们记住。有些榜样是好的，还有些榜样是坏的。

◎ 为何这一点很重要

在人们心中榜样通常都具有积极意义。榜样是我们应该效仿的人；领导者应该被奉为具有激励作用的榜样。我们凭什么要为自己鄙视或讨厌的人效力呢？但是领导者可以是好榜样，也可以是坏榜样。无论怎样，他们均会为团队工作确立基调。领导者往往低估了他们在实际事物、工作风格以及学习等方面所具有的影响力。

实际事物

在实际事物上，领导者必须出言谨慎。你所说的话被用于，或被滥用于为那些远离你的行动辩护。有一位高层领导者惊讶地发现他的办公室正在被重新设计，理由是“那正是他想要的风格”。那位领导者实际上根本没有发表过任何意见，这便给了管理人员强行实施重新设计方案的借口。如果管理人员想要办什么事情，一个简单的借口就是“老板喜欢这样做”。没有人会同老板发生争论。

工作风格

至少在实际事物上，你可以看出正在发生什么情况，可以如何处理。工作风格方面的事情处理起来就难多了，而且其后果所产生的破坏性也可能更大。如果你发现你的团队不择手段，信任度低，争强好胜，个人主义色彩明显，那么你可以责备团队，或者找一找自己的问题。无论结果如何，团队常常效仿领导者的行为。这说明你不仅要不断关注自己的实际工作，也要关注自己的工作风格。

学习

我们在陷阱 35 中看到，新赴任的领导者在很大程度上会向他们的老板学习，其经验教训有好也有坏。你总是处在别人的观察之下，你的一举一动不断受到团队成员的关注。正是在这一点上，你起着很有影响的榜样作用。

◎ 给领导者的教训

高效率的领导成绩绝非是不期而至的。你不可能早晨一觉醒来后就开始发挥领导作用。要想做好领导工作，必须自觉地付出努力。显然，在实际事物上，你需要自觉地付出努力，做出决策。但是由于你被人们记住的主要原因是你的为人处事方式，而不是你做什么，所以你也必须自觉地努力确定自己的行为方式。你做出的决策会影响到你的团队如何做出反应，以及如何表现自己。

管理自己的情绪

如果你走进办公室时情绪低落，那么你的情绪很快就像重度抑郁症一样在办公室里弥漫开来。你的团队成员会竭力躲避你，研究任何事情都没有什么效果。而他们这样刻意躲避你又会使你更加恼火。领导者必须了解这一基本真相：我们可以选择自己的感受方式。我们要为自己的情绪负责。如果我们想要感觉情绪低落，满腹狐疑，这便是我们的选择。如果我们想要有一种积极专业的感觉，这也是我们的选择。作为人类，我们有美好的时日，也有不开心的时日。在美好的时日里，容易表现出良好情绪。真正的考验是在不开心的时日里。此时领导者必须有意识地选择如何出现在团队面前。应该慎重做好选择。

管理自己的工作风格

你就是你自己，没有必要力争成为别人。领导者面临的挑战就是成为最好的自己。如果你有很强的分析能力，不善于同别人打交道，这便是你的特点。应该认清这一点，以你自己很强的分析方式确定出需要采取哪些措施让人们与你同舟共济：运用好你的优点来克服你的缺点。

作为榜样，应该自觉地断定想给别人留下怎样的印象。在这方面，你不会得到直接的反馈意见，但是可以从团队的行为方式上得到间接的反馈信息：他们或者会服从你的领导，或者会反对你的领导。他们将会记住你的为人。你希望给人们留下怎样的印象呢？

鼓励学习

由于每个人都在看着你，向你学习，因此应将这个过程明朗化，而不是遮遮掩掩。这并非要求你去征求人们的反馈意见，因为没有人会面对他们的老板说实话。但是你可以实施听取情况汇报这样的基本措施。英国皇家空军红箭特技飞行表演队在每次表演与飞行后就是这样做的，因为他们追求完美的境界，一旦出现差错就是致命的。在听取情况汇报时，职务等级暂时搁置一旁，关注重点完全放在飞行表现以及改进方法上。可以询问一些“哪些方面情况良好？”以及“如果……那就更好了，对吧？”这样的问题，这样做没有威胁，是一种了解情况的好方法（参见陷阱 31）。

◎ 结论

所有的领导者都是榜样，无论是好是坏。独角兽评分应该为 0。但是这个陷阱容易被误解为“只有领导者才是正面的榜样，而其他人就差一些了”。由于这个原因，这一陷阱获得 2 个独角兽评分。

陷阱 52

领导者必须人缘好

领导力的真正关键是尊重与信任。

◎ 陷阱 52 的本质

领导者也是人。希望别人喜欢自己，这是人类的天性，领导者也不例外。这是普遍真理，历来反映在奉承手段的运用上：

• 伊本·赫勒敦说过，一个追求社会地位的人肯定会奉承拍马，为了迎合权势人物与统治者的口味而说好话。[1]

• 马基亚维利在《君主论》中用一整章的篇幅撰写了题为“如何才能避开谄媚者”的劝谏之言，指出“总体而言，人往往不知感恩、薄情寡义、虚伪、怯懦、贪婪、善于伪装、贪图钱财、遇到危险便逃之夭夭”。[2] 500 年来，人的以上缺点并没有多大改变。他没有提到女人在上述方面比男人表现得好一些，还是更差。

领导者人缘好的陷阱也是英雄式领导者陷阱的一部分内容。成功的领导者被描绘成凯旋罗马的尤里乌斯·恺撒——他当年英姿勃勃地走在满怀崇敬、欢呼雀跃的公民前面，游行队伍后面则跟着一些戴着铁链、不太服气的被征服的奴隶。年度报告与公司简报强化了领导者人缘好这一陷阱。卓越领导者总是被描绘成像皇室成员一样在做好事、开办工厂、检查新的机器设备、发表不同凡响的演讲、颁奖、向慈善机构捐款捐物、会见社会名流。

领导者人缘好这一说法似乎合乎情理，并无坏处。果真如此吗？

◎ 为何这一点很重要

马基亚维利一针见血地问道：领导者是受人爱戴好，还是令人畏惧好？他认为爱戴因为是暂时的，所以也是脆弱的。只要你肯帮忙，人们就会喜欢你：

“只要你获得成功并且对他们有好处，他们就会完全对你忠心耿耿。他们会将自己的血肉、生命财产与子女献给你……不过只是在危险还遥不可及的时候；当危险临近时，他们就会与你作对。”

马基亚维利建议君主处决少数人以驯服大多数人。要显仁慈，必先残酷。一旦众人知道你要严格维护法律秩序，他们就不会肆意妄为。这相当于在商界重新安排、解雇几个员工。

在商业环境里，好人缘也可能是处事软弱的根源。获得好人缘的有效方式包括：

- 不向人们透露坏消息；
- 不给人们施加太大压力，不要求他们取得更大成绩；
- 可以退而求其次，不埋怨；
- 总是调整自己的计划安排，以满足别人的需要；
- 在办公桌上放一碗糖果，供从桌旁经过的人（和自己）享用。

好人缘的问题对于民主社会里的领导者而言是个尖锐的问题。大选基本上就像拍卖会一样，对不同选民做出不同的承诺。对大多数选民做出最多承诺的一方在大选中获胜，但是紧接着又面临着获胜者的诅咒：他们必须兑现那些难以实现的承诺。如果政治家为人诚实，他们就不会做出那些承诺，结果也不会当选。如果他们想要当选，他们就必须做出无法实现的承诺，结果没有人再会相信他们。一部分责任在政治家，一部分问题在我们自己投票赞成那些虚无缥缈的承诺。

◎ 给领导者的教训

马基亚维利认为，领导者不可能既受爱戴，又令人生畏。因此他将“令人生畏”视为领导力的关键。如今仍然有一些老板令人生畏。他们就是一些精神变态者，认为团队成员凡事都应该按着老板的吩咐去做。

但是爱戴与令人生畏是一道错误的选择题。还有比令人生畏或爱戴更加有效的做法。领导力的真正关键是尊重与信任。对照上面列出的好人缘行为清单，看看受人尊敬的领导者是怎样做的：

- 不向员工透露坏消息。应该如实讲明情况，就解决方案的选择问题开展诚恳、富有建设性的积极谈话。这是一种艰难的谈话，但是如果处理得好，可以建立起信任与尊重的关系。封锁坏消息，直到一切都乱了，或者直到迎来年度评估，这样做会很快失去别人的信任与尊重。

• 不要给员工施加压力。高效率的团队领导者会给团队成员施加压力，要求严格，但是他们也会支持团队完成任务，对于团队的具体工作方法不做硬性规定。给团队合理施加压力，有助于团队成员的成长发展。

• 退而求其次。高效率的领导者有着高标准，对员工给予厚望。大多数专业人员对于自己的工作感到自豪，希望把工作做好。同让每一个人过得轻松安逸相比，实行工作高标准可使你得到更多的尊重。

• 调整计划安排，满足别人的需要。这样做既软弱，又会失去很多时间。如果你不珍惜自己的时间，你的团队也不会珍惜你的时间，应该清楚自己有什么需要和兴趣，最大限度地为你自己与团队成员提高利用时间的效率。

• 在办公桌上摆放一碗糖果。这是一种行贿行为。作为领导者，你可以动用更加有力的管理手段：褒奖。给出具体而积极的反馈意见会很有效果：毕竟每个人都喜欢听好话。受到老板的公开表彰，团队会像被打了兴奋剂一样充满力量。

要想得到这种尊重，需要心很诚。但是政治家却不是这样：他们均认为自己诚实，直到在法庭上被控犯有欺诈罪。领导者在日常生活中被证明有罪之前并非就被视为清白诚实。心很诚，就不允许掩盖真相，或者瞒报重要情况。它遵守下述合法要求："讲实话，把真相都说出来，只讲实话。"领导者面临的挑战是以具有建设性的积极方式道出实情。

受人尊重要比人缘好更能够持久，在顺境和逆境当中对你均有帮助。这是取得高绩效（而不是达标绩效）的有效途径。你不需要受到爱戴或令人生畏，你需要的是得到尊重。

◎ 结论

这一陷阱流传很广，对于领导者的工作效率影响极坏。因此应该得到 5 个独角兽评分。但是有些领导者不仅人缘好，工作效率也高。即使他们属于例外情况，考虑到这一点，也给 4 个独角兽评分。

陷阱 53

领导者应该获得特别奖励

高级主管表明，他们非常善于寻租，但却不能证明他们从中捞取的金钱与他们的工作业绩之间有什么联系。

◎ 陷阱 53 的本质

近 20 年前，亚当·斯密就看出了公营公司同私营公司相比所具有的各种危险性。私营公司老板小心保管自己赚来的钱，而公营公司的管理人员却不那么小心保管公司的资金：

“这些公司的主管们……管的是别人的钱而不是自己的钱，不能期望他们像私营公司的合作经营伙伴那样经常精心警觉地管理公司资金。因此在管理这种公营公司的事务中，肯定会经常出现玩忽职守与浪费的现象。”[1]

在近 50 年里，玩忽职守与浪费现象一直有益于大公司的高级主管。这些高级主管是否真的正在发挥领导作用，或者取得事业成功则另当别论。为了方便阐述，我们在此将首席执行官确定为公司的领导者。

标准普尔 500 指数所覆盖的公司首席执行官如今平均薪金相当于员工平均薪金的 300 倍。[2] 1965 年，首席执行官的薪金只相当于员工平均酬劳的 20 倍。公司高层的薪金增长幅度很大。顶级公司首席执行官的平均年薪为 1640 万美元。

高薪的理由各种各样：

1. 高层职务很辛苦。我们已经知道（参见陷阱 48）中层领导工作比高层更辛苦。

2. 首席执行官的工作稳定性差。标准普尔 500 指数覆盖的公司首席执行官平均任期为 6.6 年，比 2005 年延长一年。他们的工作稳定性在增强，而普通员工的平均工作期限则为 4.2 年。只有 16% 离职的首席执行官被解雇。[3]

3. 如果我们不支付高薪，就会失去一流人才。没有证据表明首席执行官跳槽是为了提薪。

4. 首席执行官能发挥重大作用。高薪肯定会产生影响，但是效果欠佳。研究表明，在 1500 家大型公司当中，虽然高级主管领取高薪，但是在 3 年内他们的绩效却不如从前。[4] 尽管薪金同绩效挂钩，却没有证据表明薪金可以促进工作绩效提升。

5. 这是市场价。但是顶级薪金却发挥不了市场作用。每一个董事会都认为需要一名能力超群的首席执行官，因此他们就付给首席执行官优厚的薪金，无怨无悔。作为资本主义的大祭司，亚当•斯密预见到了上述问题。这个问题在好转以前会变得更加严重。

◎ 为何这一点很重要

也许我们不应该为首席执行官的高薪感到担忧。对于足球明星、电影明星与企业家们的巨额收入我们没有任何抱怨。

在英国，顶级赛事足球运动员的平均薪酬比首席执行官的平均薪酬增长还快。2000 年这些足球运动员的平均周薪为 10000 英镑。[5] 到 2015 年，他们的平均周薪涨到了 44000 英镑。[6] 这其中包括技术并不算出众的运动员。一流运动员的年收入接近 1000 万英镑。

公众觉得更易于接受电影明星与体育明星的高薪，因为我们与明星之间的契约透明度很高。我们自愿掏钱欣赏这些明星出场表演献技。我们能够看到他们的表现，而当我们不再喜欢他们的表现的时候，则可以不再买票捧场。企业家们的社会透明度又不一样。我们均能看到他们亲自创业，事业有成，因此他们应该得到相应的报酬。

首席执行官的薪金没有这样的透明度。我们看到他们薪金丰厚，但是却不清楚他们有什么贡献，我们也不像对待电影明星与体育明星那样明确认可首席执行官的薪金。

那么首席执行官的丰厚薪金存在着什么问题呢？

• 对企业内部的领导者失去信任与尊重。每当首席执行官要求员工工作积极，为企业效忠，却又裁员 20%，多捞取数百万美元时，就会出现严重的信任问题。首席执行官的行为似乎纯粹出于私利。

• 薪金过高会引起社会冲突。民主国家的群众运动方兴未艾，使精英阶层大为震惊。但是这不足为怪。从 1989 年到 2014 年这 25 年里，美国家庭平均收入从 53327 美元增加到 53718 美元，增幅不到 1%。与此同时，企业领导者却富到了前所未有的程度。

• 公众对于企业及其领导团队失去了信任。英国易普索莫里信任指数[7]显示，企业领导者是目前最不受信任的专业人士，只有 35% 的人口相信企业领导者讲真话。如果领导者被视为贪婪的说谎者，针对精英阶层的大众强烈反应也就为时不远了。

• 首席执行官开始认为他们不是一般人物。如果你的薪金优厚，待遇很好，这就证明你不是一般人物。随后又会产生循环逻辑推论："我不是一般人物，所以我应该获得最高薪金，这又证明我确实不是一般人物。"

◎ 给领导者的教训

领导者可以借鉴如下三个经验教训：

• 愤世嫉俗的经验很简单：成为最高主管，有便宜就占，否则就让别人占了便宜。

• 了解自己在生活中真正想要的是什么，为了实现这一目标你需要多少钱：你真的需要每年赚取 1600 万美元吗？你要用这些钱干什么？自尊不仅仅体现在资产净值上。

• 如果你想率领人们实现他们自己无法实现的目标，那么取得他们的尊重与信任会很有帮助。

董事会或者股东需要采取行动，否则政府就会采取行动，它不可能是个温情的拥抱。

◎ 结论

高级主管表明，他们非常善于寻租，但却不能证明他们从中捞取的金钱与他们的工作业绩之间有什么联系。因此这一陷阱所言正确；这一陷阱也是有害的，以其特有的方式滋生着不信任与民粹主义情绪。5 个独角兽评分。

Myths of Leadership

Part

7

结论

陷阱 54

领导力充满陷阱、流行趋势与理论

只模仿表面而不理解内在原因注定要失败。

◎ 陷阱 54 的本质

领导力是一个充满陷阱、流行趋势与理论的领域。它们主要有两个特点：

• 揭示领导者是什么样的人：为获得成功，你需要具备哪些素质？

• 揭示领导者应该做什么：你怎样才能真正开创新局面？

这些陷阱也许会散布在《哈佛商业评论》的文章里，或者由职业顾问兜售出去，或者在鼓动人心的演讲中加以阐发宣扬。但是它们全都有一个简单的承诺：跟我走，你就会变得更好。这些陷阱也许会像最近的医学重大突破一样无可置疑，或者像西部荒蛮地区的江湖医生那样容易骗取人的信任；他们贩卖的药物声称包治士气低落、利润下滑、性欲低下等一切不良疑难杂症。

嘲笑这些陷阱并不难，但是却因小失大。这些陷阱有两个突出特点：

• 差别很大，没有统一的领导力理论。在“领导者是什么样的人”“领导者应该做什么”甚至在“领导力是什么”等问题上无法取得一致意见。

• 对于领导力陷阱有一种无法满足的需求。嘲笑陷阱的散布者并不难，但是他们之所以存在是因为我们在寻找他们，付钱给他们，鼓励他们。顾问们最易受到嘲笑，但是他们收入颇丰。近 30 年来顾问的数量增加很快。究竟谁更傻呢？是傻瓜本人，还是那些犯傻花冤枉钱的人？

◎ 为何这一点很重要

一本名为“领导力陷阱”的专著也许应该嘲笑所有那些领导力陷阱与时尚理论。贩卖传播这些陷阱的人应该受到嘲笑，但是这并不意味着我们也应该嘲笑那些肯为这些陷阱花钱，而且还加以运用的领导者。

实际上，这些陷阱的存在以及领导者运用这些陷阱均有充分的理由，因为这些陷阱与流行的理论也有其自身价值。读者未必料到一本以此为书名的书会得出这样的结论。

对于领导者而言，多种多样的领导力理论是件好事。如果只有一种领导模式，那么领导者的命运就会像韩国帮球迷[1]、骆驼比赛骑手[2]、奶牛场工人[3]与日本女服务员[4]一样，都会被机器人所替代。领导力理论多种多样，表明领导工作在更大程度上是一门艺术，而不是科学。你不必像奴隶一样遵循一套领导规则。你可以发现自己的领导方法，成功或失败的途径数不胜数。这便使得领导历程既艰难，又有益。应该充分把握机会，有所建树。

领导力领域会不断产生大量的新理论与新时尚，而且全都声称有助于领导者获得成功。这些时下流行的理论与时尚非常有规律地在商界传播着。近30年里在商界风行一时的时下流行理论包括：

- 业务流程重组；
- 战略意图与核心能力；
- 证券投资组合分析与管理；
- 股东价值管理；
- 蓝海战略。

这些时下流行理论应该包含公共健康般的警告。我应该知道：我曾经帮助上述几个陷阱的始作俑者将他们的陷阱推向了市场。这里以战略意图与核心能力为例，说明为何需要发出警告：

- 这种理论只是附会在成功公司经验上的理念。实际上那些被当作榜样的公司从未自觉地实施过战略意图与核心能力举措，目前也不清楚这些理念是否就是他们获得成功的促进因素。
- 实践与理论是不同的。在实践中，理论成为行动的号令，它可以激励公司员工鼓足干劲，使高级主管以不同寻常的角度思考工作。
- 时间久了，理论与实践会很快变得平淡无奇。有关理念一旦传播开来就被简化，初级顾问也能将它们付诸实施。业务流程重组的理念便是这样，曾经沦落到由初级顾问以很大成本绘制流程图的地步。如今“战略意图”仅仅意味着我们想要实现的目标，“核心能力”也不过是我们认为自己擅长做某事的一种装腔作势的说法。

一旦遇到合适的机会，这些时下流行的理论就会像野火一样蔓延开来。深奥的时下流行理论实施起来会有风险：如果不奏效，那么提倡这种理论的高级主管就会白白浪费了时间、资金与机会。但是当时髦理论真的流行起来，风险情况就会发生反转。如果你没有实施业务流程重组，那问题则是：为什么不去做呢？商界会到处流传令人振奋的成功故事，也许说得准确，也许不准确。你不能甘心落在别人后面。

人们惊讶地发现，这些时髦理论均可发挥作用。这在教育领域表现得尤为明显。任何举措或多或少均可有所帮助。提倡儿童哲学[5]、在印度偏远乡村学校建立一个滑板公园[6]、把乒乓球台摆到伦敦的一所内城学校里[7]，这些全都是非常令人难以置信的干预措施。然而，这些措施也全都同那些大书特书的突出成功事例联系在一起。如果其他学校盲目效仿干预措施，这种时髦举措就会失效。而当商界出现盲目效仿时髦举措的时候，结果也是一样。模仿时髦举措的学校或公司并不理解时髦举措为何看上去奏效。如果不理解时髦举措为何奏效，就不明白如何使其奏效。只是效仿表面而不理解内在原因，注定会失败。这就像采用除斑剂来治疗麻疹一样。

时髦举措奏效的原因同时髦举措本身关系不大。时髦举措之所以有所帮助，因为它可以：

1. 促使管理部门努力表现自己。

2. 为实施更广泛的改革计划提供平台。

3. 允许领导团队采取行动：干预措施通常具有很强的针对性，以满足具体情况的需要。

4. 增长见识，促使管理部门从不同角度思考他们的工作以及工作方法。

◎ 给领导者的教训

领导者从时髦举措与理论中可以有一个惊人的收获：它们全都可以有所

帮助。

所有领导力理论均能使人提高认识，但是没有一种领导力理论阐述的是普遍真理。只要运用得当，所有的时髦举措也都有所帮助。应该将时髦举措用作行动号令，在具体实施中满足你本人与当下情况的需要。尽可能了解时髦举措奏效的原因，以及效仿获得成功的内在原因，而不是表面现象。

◎ 结论

领导力陷阱具有古代陷阱一样的作用：解释令人费解的现象、安抚人心、提高认识、指导行为，偶尔还具有娱乐作用。这就是说，只要不单纯从面上去理解陷阱，即使在最为狂野的幻想背后，也常常隐含着真理或者洞见。所有的陷阱与时髦举措均可用作行动号令。因此，你可以根据自己的感觉给这一陷阱打出评分。具体多少分，由你自己决定。

陷阱 55

领导者可以带领人们实现他们自己无法实现的目标

如果你不知道该往哪里去，你就不可能去往你该去的地方。

◎ 陷阱 55 的本质

这一陷阱在本书中占据着中心位置，也是亨利·基辛格曾经运用的领导力定义。任何讲述领导力陷阱的著作均无法避免创造出更多的领导力陷阱。只有揭露并质疑这些陷阱才是合理的做法。

要想质疑陷阱，就需要有衡量领导力定义是否确切的标准。此处应该指出的是，如果这些衡量标准本身就是陷阱，结果由你自己断定。

确切的领导力定义应该具有以下几个特点：

1. 将领导者的工作同其他管理人员与员工的工作区别开来。

2. 具有切实可行性：指导领导者应该做什么，不应该做什么，如何行动。

3. 具有普遍适用性：应该适用于各种情况下的所有领导者。

◎ 为何这一点很重要

如果你不知道该往哪里去，就不可能去往你该去的地方。因此知道什么是领导力具有重要意义。许多论述领导力的著作甚至都无意为领导力下定义。也就是说，这些著作往往可以信口开河。试图给领导力下定义的著作全都给出了不同的定义。

有三位论述领导力的一流作者均给领导力下过定义。他们是：

彼得·德鲁克："领导者的唯一定义就是拥有追随者的人。"[1] 这一定义在以下两方面有缺陷：

·电影明星、舞台明星与音乐明星，以及像德鲁克本人那样的作家、思想家全都有自己的追随者，然而他们并不是领导者。

·每个老板全都有追随他们的团队，但是这并不意味着老板就是员工的实际领导者。

约翰·科特："领导者确定工作方向，使人们步调一致，发挥着激励鼓舞作用。"[2] 这句话读起来不错，但是并不奏效。我们来仔细看一看科特定义的领导者所具有的每一个特点：

·领导者可以使人们步调一致，激励人们努力工作，但是管理人员不也是这样做的吗？

·并非所有的领导者都能发挥鼓舞人心的作用，即使他们工作效率很高。你也许在一位高效率领导者手下工作过，但是一直没有受到激励鼓舞。

·领导者确定工作方向，这一点比较接近真理，但是如果工作方向只是过去的延续，这究竟算发挥领导作用，还是算循规蹈矩呢？

华伦·本尼斯："管理人员做事正确到位，而领导者则为所应为。"[3] 这是一句精彩的格言，但是其语言表达则胜过思想内涵。许多领导者都做过严重的错事，使人们走进了困境，而不是福地乐土。即使是那些获得了巨大成功的领导者也做过不少错事。丘吉尔、斯大林与毛泽东全都是做过不少错事的领导者。大多数领导者的典型特点是：尽管他们屡做错事，也遭到过失败，但是他们仍然能够东山再起。

◎ 给领导者的教训

领导者率领人们实现他们自己无法实现的目标，这一思想产生了包含着有其他陷阱的史诗传奇，对此，你可以质疑，也可以欣然接受。但是如果核心思想是正确的，那么这些陷阱也就是实际情况。因此，我们要将它们视为领导力经验，而不是领导力陷阱。

下面列举出由相信“领导者率领人们实现他们自己无法实现的目标”这一理念而产生的10大结果：

1. 你可以在任何层面上发挥领导作用。任何人都可以学会发挥领导作用，每个人都可以学会更好地发挥领导作用，即使我们当中很少有人会成为领导巨星。

2. 身居高位的人未必在发挥领导作用，绝不应该将职位同实际表现混为一谈。

3. 不要将行动同成绩混为一谈。你也许工作非常努力，但是这并不意味着你通过了领导测试。领导者需要最大限度提高他们的信号—噪声比。所谓信号就是他们如何发挥作用，开创新局面；噪声就是组织生活的日常生存活动，它可以消耗你的所有时间。

4. 领导者应该清楚，他们的领导工作最终会产生怎样的不同局面。为了突显其重要性，你可以将其称为使命、愿景或战略。

5. 为了获得成功，领导者不仅仅要求获得正式的权力。他们还要能够影响、说服那些不在他们管控范围内的人员。在公司进行精简机构、外包工程的过程中，这一点变得更为重要。没有人能够控制他们为获成功所需的全部资源。

6. 领导者不需要富有个人魅力与感召力，但是需要具备一些突出优点与技能，需要清楚地知道如何开创新局面。

7. 任何领导者都不具备为获成功所需的全部技能，任何人都不可能做得面面俱到。因为你只擅长你喜欢做的事情，应该力争去发现使你如鱼得水的工作环境，让自己的优点得到长足的发展。

8. 领导者需要建立强大的团队为自己效力，弥补自己的不足。

9. 领导者需要建立一个强大的运作机构，配备高效率的管理人员。领导者可以领导革命，但是在革命前、革命过程中以及革命后，领导者需要管理人员来管理这个世界。

10. 领导者必须不断地学习成长，因为他们的工作环境不断发生着变化；在一种职位上奏效的措施不会自动地在另一种职位上奏效。

最终，领导工作就像生活一样，是个不断发现的历程。它也许具有挑战性，但是很少枯燥乏味。我们想让它变得多好，它就会有多好。因此无论你的领导历程会变得怎样，尽情享用它吧。

◎ 结论

作为本书作者，我想说的是这一陷阱所言正确，独角兽评分为0。但是我们生活在一个后真理时代，所谓真理就是我们想要相信的一切。所以由你自己来断定这一陷阱是否属实，应该获得多少个独角兽评分。

陷阱 56

我们可以明确区分陷阱与现实

领导者需要确立他们自己的成功模式。

◎ 陷阱 56 的本质

本书讲述的是陷阱内容，这对于青少年具有难以抵抗的巨大诱惑力。证明你自己聪明的最佳方式就是证明其他每个人都很愚蠢。抨击陷阱，意味着别人都不知道陷阱在讲什么。但是，如果你没有其他内容可以接着讲的话，抨击陷阱便毫无意义。要是你不知道现实情况是怎样的，又如何能将陷阱同现实区分开来呢？

纵观本书，我自始至终对大多数陷阱怀有敬意。希腊陷阱故事并非想要讲述真理，不过有心人可从希腊陷阱故事中悟出一些道理。领导力陷阱也是这样：如果我们愿意的话，可从所有陷阱当中悟出一些道理。如果我们不想学习任何内容，这样也反映出陷阱以及我们自身的一些情况。

在质疑陷阱这方面，我尽可能提出了另外一些有关看法。这些看法也许是陷阱，也许是实情。我提出的上述有关看法面临着一个相同选择：它们究竟属于陷阱，还是属于现实。这由你自己断定。

◎ 为何这一点很重要

领导者需要确立自己的成功模式。如果你知道选择方案是什么，那便会有所帮助。

◎ 给领导者的教训

以下七个重要主题在本书中被列为领导力陷阱的补充理念：

1. 领导者的职责就是带领人们实现他们自己无法实现的目标。领导力涉及你的所作所为，同你的职务无关。你在组织基层也可以发挥领导作用。但是有时即使身居高层职位，也可能并没有发挥出领导作用。

2. 任何人都可能学会发挥领导作用，每个人都可能学会更好地发挥领导作用。担任领导工作，好像是参与体育活动，或者演奏乐器，稍加练习，就会比大多数人做得更好。你可以不断提高自己的水平，即使只有少数人才能成为巨星。你不必是一位天生的领导者。

3. 领导力同具体环境密切相关。没有普遍适用的领导力模式：只有在你的工作环境中奏效的具体措施。也就是说，你必须不断地学习发展，因为你的工作环境不断发生着变化。领导力是一个历程，不是一个站点。

4. 任何领导者都不会完美无缺，无所不能。根本没有完美的领导者，你不必是富有魅力的超人也能发挥领导作用。你需要具备一些可以不断发扬光大的突出优点，并在你可以获得成功的环境中有效发挥这些优点。

5. 领导工作是一项团队行为。领导者同其他人一道获得成功。他们必须建立一个可以弥补自己弱点的平衡协作团队，使每个领导者能够集中精力做好一两件大事，发挥重要作用，开创工作新局面。其他一切工作必须交给团队去做。担任领导工作并不要求成为孤独英雄或伟人。

6. 领导者需要一个愿景，但是不必是一个有远见的人。愿景就是有关如何发挥重要作用，开创新局面的心愿。它包含着三部分内容：我们目前的状况，我们要实现的目标，以及我们实现目标的方式。要想使愿景具有激励作用，就应该使每一个团队成员了解同自己有关的第四部分内容："这是你为协助团队实现目标应该发挥的重要作用。"

7. 领导工作变得更加具有挑战性。要求领导者具备的各种核心技能不断增加。在 19 世纪，领导者需要的是智商：老板动脑筋，员工动手。20 世纪受过教育的劳动力可以承担更多的工作，但是要求也多：领导者需要运用情商来处理人际关系问题。在 21 世纪，领导者需要通过不归他们管控的人员来开展工作。他们需要相应的政商来影响人们，建立信任与支持人脉网络，协调工作计划，为正义而战。

◎ 结论

由你自己来断定这些究竟是陷阱，还是现实，应该获得多少个独角兽评分。但是也要注意令人不快的情况。如果它们是陷阱，那么什么是现实呢？也许这就是最终的领导力启发教益：你必须创造属于自己的现实情境。

致谢

没有人可以独自取得任何成就，写书更是如此。本书依托于20年的研究成果，以及40年同世界各地团队与领导者合作的实际经验。我从他们那里受益匪浅，并希望他们也有一定的收获。下面列举出了一些使我受益的公司与机构，在此我谨对他们表示衷心感谢：

埃森哲公司、全球人寿保险公司、艾格公司、空中客车公司、宏远学校领导教育机构、美国运通公司、澳新银行、艾伦·奥弗里律师事务所、苹果公司、阿瑞斯公司、阿姆斯特朗实业公司、三芒草公司、阿斯利康公司、艾维雅公司、芭米公司、印度尼西亚银行、纽约梅隆银行、巴克莱银行、巴斯夫公司、英国文化协会、佳能公司、凯捷公司、花旗银行、CRU国际有限公司、德同国际律师事务所、德意志银行、陶氏化学公司、欧洲复兴开发银行、宜得国际有限公司、教育发展信托基金、伊莱克斯公司、EW佩恩公司、脸书公司、《金融时报》、富士通公司、谷歌公司、盛强公司、美国医院集团、HERE公司、希斯科保险公司、日立集团、豪斯公司、HDBC公司、国际商业机器公司、伊藤忠商事、日本航空株式会社、莱尔德科技公司、曼达林投资公司、大都会人寿保险公司、三菱化学公司、三井航运公司、现代部落数字技术公司、孟山都公司、Nationwide公司、诺基亚公司、北欧联合银行、野村证券公司、野村综合研究所、日本电信电话公司、机会网络、培生集团、百事公司、飞利浦公司、菲利普·莫里斯公司、宝洁公司、佳美食品公司、苏格兰皇家银行、励讯集团、高通公司、能多洁集团、“成功权力”教育机构、劳斯莱斯汽车公司、沙特基础工业公司、圣米盖尔公司、SDP公司、西科姆集团、社交网络媒介、心灵火种咨询机构、标准渣打银行、创业助力公司、STIR公司、斯威夫特公司、赛门铁克公司、“以教为先”慈善组织、利乐包装公司、东京海运公司、瑞士联合银行集团、联合利华集团、瓦斯塔里公司、萨国际组织、世界银行、世界信仰组织、苏黎世保险集团。

我要特别感谢由海伦·佩奇领导的科根佩奇出版社杰出团队。他们一直都是令人愉快的合作伙伴，这次也不例外。颇不寻常的是，撰写本书的想法来源于科根佩奇出版社，而不是由作者本人提出的。衷心感谢我的编辑安娜·摩斯女士提出了这一构想，并认为我是合适的作者人选。我希望自己没有辜负编辑对我的殷切希望。

在撰写本书以及其他多本著作的过程中，我始终有幸得到我的长期经纪人弗朗西斯·凯里的支持，使我能够专心写作，不必过问自己不想介入的各种事情。

最后，我要永远感谢我的妻子广美，她经常在我埋头写作的过程中长时间独自生活，对此她表现出了异乎寻常的耐心与理解支持。

本书的一个主题思想是任何领导者都不是完美的。作者与作品也是如此，根本达不到完美的境界。成功是团队努力合作的结果，但是任何错误只由作者来承担。

参考资料

陷阱 1

1 The author runs regular leadership workshops with clients around the world: this is a typical group response to the question: 'What makes a good leader?'

2 Jo Owen (2015) *How to Lead*, 4th edn, Pearson.

3 See Myth 5 for details of how leaders define leadership.

4 See Myth 55 for how Drucker and other academics define leadership, and why their definitions fail.

5 Bruce E Winston and Kathleen Patterson (2006) An integrative definition of leadership, *International Journal of Leadership Studies* [online] https://www.regent.edu/acad/global/publications/ijls/new/vol1iss2/winston_patterson.doc/winston_patterson.htm.

陷阱 5

1 These are transcribed from video interviews leaders did for the author in 2005. Teach First is now the largest graduate recruiter in the UK.

2 http://www.businessnewsdaily.com/3647-leadership-definition.html. This provides 33 CEOs' definitions of leadership, and they all conflict.

陷阱 7

1 W Edwards Deming (2000) *Out of the Crisis*, 1st edn, MIT Press.

2 This is based on original research for Jo Owen (2016) *Global Teams*, Pearson FT.

3 The table is based on original research which first appeared in Jo Owen (2007) *Tribal Business School*, Wiley.

4 The comparison between the UK and France was also original research reported by CNN, http://edition.cnn.com/2007/BUSINESS/04/30/execed.anglofrench/.

陷阱 9

1 Bureau of Labor Statistics, September 2016, https://www.bls.gov/news.release/pdf/tenure.pdf.

2 This first appeared in Jo Owen (2015) *Mindset of Success*, 2nd edn, Kogan Page.

陷阱 10

1 Author's original research with over 500 leaders and followers, first published in Jo Owen (2015) *How to Lead*, Pearson.

2 Jim Harter and Amy Adkins (2015) Employees want a lot more from their managers, *Gallup* [online] http://www.gallup.com/businessjournal/182321/employees-lot-managers.aspx.

3 George Orwell (1946) In Front of Your Nose, essay first published in *Tribune*, London, 22 March.

陷阱 11

1 The Fulani are a farming tribe in Mali. This story comes from the author's original research which featured in Jo Owen (2007) *Tribal Business School*, Wiley.

陷阱 13

1 Jo Owen (2016) *Global Teams*, FT Publishing, pp 121–42.

陷阱 14

1 Martin Seligman (1998) *Learned Optimism*, Pocket Books. This research has been replicated in other industries and geographies.

陷阱 15

1 'There are known knowns' is a phrase from a response given by former US Secretary of Defense Donald Rumsfeld to a question at a US Department of Defense (DoD) news briefing on 12 February 2002 about the lack of evidence linking the government of Iraq with the supply of weapons of mass destruction to terrorist groups.

陷阱 16

1 Josh Zumbrun (2016) The wealthy in Florence are the same families as 600 years ago, *Wall Street Journal* [online] http://blogs.wsj.com/economics/2016/05/19/the-wealthy-in-florence-today-are-the-same-families-as-600-years-ago/.

2 Bisi Daniels (2016) Why many CEOs are tall people? The heart of the matter, *Premium Times* [online] http://www.premiumtimesng.com/arts-entertainment/naija-fashion/203429-many-ceos-tall-people-height-matter-bisi-daniels.html.

3 Wikipedia, Heights of presidents and presidential candidates of the United States [online] https://en.wikipedia.org/wiki/Heights_of_presidents_and_presidential_candidates_of_the_United_States. Note that Donald Trump's height is disputed.

4 To be fair to the founding fathers, they probably did not intend to say that all people are born with equal life chances, but that they are equal before the law and equal as human beings.

陷阱 17

1 Author's original research with over 500 leaders and followers, first published in Jo Owen (2015)

陷阱 18

1 Author's original research based on interviews with successful leaders, originally published in Jo Owen (2015) *How to Lead*, Pearson.

2 Each of these leadership requirements is covered in detail in this book, with a separate myth for each one.

陷阱 19

1 Author's original interviews with leaders and their teams.

陷阱 20

1 The Battle of Dettingen took place outside Frankfurt as part of the War of Austrian Succession. An alliance, including the British, Austrians and Hanoverians, defeated a French force. King George was in command of the army, but he was smart enough to lead from the rear, not the front. When his horse bolted towards the front, an ensign duly brought him back. He was brave, but not suicidal: smart leadership.

2 See Jo Owen (2008) *Tribal Business School*, Wiley.

3 See Jo Owen (2015) *Mindset of Success*, Kogan Page.

陷阱 21

1 This section is based on Transactional Analysis. See Eric Berne (1964) *Games People Play: The psychology of human relations*, 1978 reprint, Grove Press.

陷阱 22

1 Frederick Winslow Taylor (1911) *The Principles of Scientific Management*, Harper & Brothers, LCCN 11010339.

陷阱 23

1 John Gray (1992) *Men Are from Mars, Women Are from Venus: A practical guide for improving communication and getting what you want in your relationships*, Harpercollins

2 A good review of the research can be found here: http://www.ciitlahore.edu.pk/pl/abrc/Proceedings/All%20papers/Gender%20Differences%20and%20Leadership%20An%20Empirical%20Evidence%20(Dr.%20Mahmood%20A%20Bodla).pdf.

3 Alice Eagly and Blair Johnson (1990) Gender and leadership style: a meta-analysis, *Psychological Bulletin*, **108** (2).

陷阱 24

1 Kent A Kiehl, and Morris B Hoffman (2011) The criminal psychopath: history, neuroscience, treatment, and economics, *Jurimetrics*, Summer, **51**, pp 355–97.

2 Paul Babiak and Robert D Hare (2007) *Snakes in Suits: When psychopaths go to work*, HarperBusiness.

3 The estimate of 21 per cent comes from forensic psychologist Nathan Brooks in a study of 261 corporate officials, *Washington Post* [online] https://www.washingtonpost.com/news/on-small-business/wp/2016/09/16/gene-marks-21-percent-of-ceos-are-psychopaths-only-21-percent/?utm_term=.9ef69bf1477b.

4 R D Hare and C N Neumann (2006) The PCL-R assessment of psychopathy: development, structural properties, and new directions, in C Patrick (ed), *Handbook of Psychopathy*, Guilford, pp 58–88.

陷阱 25

1 Wikipedia, List of largest airlines in Europe [online] https://en.wikipedia.org/wiki/List_of_largest_airlines_in_Europe

2 Michael E Porter (2008) The five competitive forces that shape strategy, *Harvard Business Review*, January, pp 86–104.

3 Gary Hamel and C K Prahalad (2005) Strategic intent, *Harvard Business Review* [online] https://hbr.org/2005/07/strategic-intent.

4 American Chemical Society, Discovery and development of penicillin [online] https://www.acs.org/content/acs/en/education/whatischemistry/landmarks/flemingpenicillin.html.

陷阱 26

1 Jo Owen (2015) *Mindset of Success*, Kogan Page.

陷阱 27

1 Ipsos MORI veracity index 2016 [online] https://www.ipsos-mori.com/researchpublications/researcharchive/3685/Politicians-are-still-trusted-less-than-estate-agents-journalists-and-bankers.aspx#gallery[m]/1/.

2 This section draws on the research of Richard Wiseman's 2004 book, *The Luck Factor: The scientific study of the lucky mind*, Arrow Paperback.

3 This is also attributed to Gary Player and Jerry Barber among many others. Regardless of who said it first, it remains a relevant comment.

4 There are many versions of this exercise, involving gorillas, storm troopers and moonwalking bears. For example: https://www.youtube.com/watch?v=UfA3ivLK_tE.

陷阱 28

1 Charge of the 21st Lancers in the Battle of Omdurman, 2 September 1898: 400 British cavalry charged 2,500 Mahdist infantry.

2 Wikipedia, Franklin D Roosevelt: declining health [online] https://en.wikipedia.org/wiki/Franklin_D._Roosevelt#Declining_health.

3 'Lunch is for wimps' is one of the classic lines from Gordon Gekko in the 1987 movie *Wall Street*.

4 AAA Foundation for Traffic Safety (2016) Acute sleep depravation and crash risk [online] https://www.aaafoundation.org/acute-sleep-deprivation-and-crash-risk.

5 Logotherapy was developed by Viktor Frankl after his experiences in a Second World War concentration camp, documented in his 1946 book, *Man's Search for Meaning*, Beacon Press.

6 The Stockdale paradox is named after Admiral Jim Stockdale, who was held captive for eight years during the Vietnam war. See Stuart Rochester and Frederick Kiley (2007) *Honor Bound: American prisoners of war in Southeast Asia*, 1961–1973, Naval Institute Press.

7 Sun Sentinel (2012) Mike Tyson explains one of his most famous quotes [online] http://articles.sun-sentinel.com/2012-11-09/sports/sfl-mike-tyson-explains-one-of-his-most-famous-quotes-20121109_1_mike-tyson-undisputed-truth-famous-quotes.

8 As quoted in Robert Goldman and Stephen Papson (1998) *Nike Culture: The sign of the swoosh*, Sage, p 49.

9 Alpha Company Royal Marines Cadets: Aims, ethos and corps values [online] http://www.acoy.co.uk/page2.htm.

陷阱 29

1 Duff McDonald (2013) *The Firm: The story of McKinsey and its secret influence on American business*, Simon & Schuster.

2 This is based on original research by the author. A brief summary appeared on CNN here: http://edition.cnn.com/2007/BUSINESS/04/30/execed.anglofrench.

3 *Forbes*, The world's biggest public companies [online] http://www.forbes.com/global2000/list/#tab:overall.

陷阱 30

1 Ford rubber plantations in Brazil [online] https://www.thehenryford.org/collections-and-research/digital-resources/popular-topics/brazilian-rubber-plantations.

2 The topic of influence is covered at length in Jo Owen (2012) *How to Influence and Persuade*, Pearson.

3 Sun Tzu (2009) *The Art of War*, paperback edition, Pax Librorum. Sun Tzu was a Chinese philosopher writing in the 5th century BC.

陷阱 31

1 Spencer E Ante and Joann S Lublin (2012) Young CEOs: are they up to the job? *Wall Street Journal* [online] http://www.wsj.com/articles/SB10001424052970203315804577207131063501196.

2 Vivek Wadhwa and the Kauffman Foundation, reported in the *Wall Street Journal* article above.

陷阱 32

1 J Willis and A Todorov (2006) First impressions: making up your mind after a 100 ms exposure to a face, *Psychological Science*, 17, pp 592–98.

陷阱 34

1 IMDB, Quotes for Elliot Carver [online] http://www.imdb.com/character/ch0000305/quotes.

陷阱 36

1 Gabriel H Sahlgren (2013) IEA discussion paper no 46: work longer, live healthier, Institute of Economic Affairs [online] https://iea.org.uk/wp-content/uploads/2016/07/Work%20Longer,%20Live_Healthier.pdf.

2 DFI (2013) Can retirement kill you? [online] http://defenceforumindia.com/forum/threads/can-retirement-kill-you.57285/.

3 Wikiquote, Sir Isaac Newton [online] https://en.wikiquote.org/wiki/Isaac_Newton.

陷阱 37

1 Thomas Carlyle (1840) The hero as divinity, in *On Heroes, Hero-Worship and the Heroic in History*, various editions.

2 Thomas Hobbes (1651) *Leviathan*, Oxford University Press.

3 Nietzsche, F (1885) *Also sprach Zarathustra*, various editions.

4 Herbert Spencer (1896) *The Study of Sociology*, Appleton, p 31.

5 Mark Goodburn (2015) What is the life expectancy of your company? *World Economic Forum* [online] https://www.weforum.org/agenda/2015/01/what-is-the-life-expectancy-of-your-company.

6 This story is told in many places, including here: http://thisdayintechhistory.com/11/06/ibm-signs-a-deal-with-the-devil/.

7 William Shakespeare, *Hamlet*, Act V, Scene II.

8 Andrew Grove (1998) *Only the Paranoid Survive*, Profile Books.

9 Michael Huberman and Chris Minns (2007) The times they are not changin': days and hours of work in Old and New Worlds, 1870–2000, *Explorations in Economic History*, **44** (4), pp 538–67.

陷阱 38

1 Harriman Stock Market Almanac (2015) FTSE 100 Index original shar constituents [online] http://stockmarketalmanac.co.uk/2015/02/ftse-100-index-original-share-constituents/

2 Guinness World Records, oldest hotel [online] http://www.guinnessworl-drecords.com/world-records/oldest-hotel/.

陷阱 39

1 Jack Zenger and Joseph Folkman (2015) We like leaders who underestimate themselves, *Harvard Business Review* (November) [online] https://hbr.org/2015/11/we-like-leaders-who-underrate-themselves.

2 E W Zuckerman and J Jost (2001) What makes you think you're so popular? Self-evaluation maintenance and the subjective side of the 'Friendship Paradox', *Social Psychology Quarterly*, **64** (3) pp 207–23.

3 Mark Alicke, David Dunning and Joachim Krueger (2005) *The Self in Social Judgement*, Psychology Press, pp 85–106.

4 Ola Svenson (1981) Are we all less risky and more skillful than our fellow drivers? *Acta Psychologica* **47** (2), pp 143–48.

5 Amy Y Ou, Anne S Tsui, Angelo J Kinicki, David A Waldman, Zhixing Xiao and Lynda Jiwen Song (2014) Humble chief executive officers' connections to top management team integration and middle managers' responses, *Administrative Science Quarterly*, **59** (1).

陷阱 40

1. Richard Bolden (2011) Distributed leadership in organizations: a review of theory and research, *International Journal of Management Reviews*, **13** (3), pp 251–69.
2. Jo Owen (2016) *Global Teams*, Pearson/FT.
3. George P Landow (nd) The British East India Company: the company that owned a nation, The Victorian Web [online] http://www.victorianweb.org/history/empire/india/eic.html
4. Jo Owen (2016) *Global Teams*, Pearson/FT.

陷阱 41

1. Marx argued that his form of dialectical materialism contradicted Hegel's dialectics. Never get in the middle of an argument between two philosophers.
2. A H Maslow (1943) A theory of human motivation, *Psychological Review*, **50** (4), pp 370–96.
3. Douglas McGregor (1960) *The Human Side of Enterprise*, McGraw-Hill.
4. F E Fiedler (1967) *A Theory of Leadership Effectiveness*, McGraw-Hill.

陷阱 44

1 If you want to find out why the dog did not bark, read the short story 'Silver Blaze' by Sir Arthur Conan Doyle in *The Memoirs of Sherlock Holmes* (1892).

2 Aviott (2013) Keeping an old man in poverty [online] https://aviott.org/2013/12/20/keeping-an-old-man-in-poverty.

3 Salman Rushdie (2007) Mahatma Gandhi, *Time* [online] http://content.time.com/time/world/article/0,8599,1653029,00.html.

4 Engels' wealth was largely inherited: he was the eldest son of a wealthy textile manufacturer.

5 Richard Crump (2015) Quarter of FTSE 100 bosses are qualified accountants, *Financial Director* [online] https://www.financialdirector.co.uk/financial-director/news/2409128/quarter-of-ftse-100-bosses-are-qualified-accountants.

6 Jason Karaian (2014) Rise of the number crunchers: how CFOs took over the boardroom, *Quartz* [online] http://qz.com/179301/how-cfos-took-over-the-boardroom/.

7 Vladimir Hernandez (2012) Jose Mujica: the world's poorest president, *BBC* [online] http://www.bbc.co.uk/news/magazine-20243493

8 Lawrence Mishel and Alyssa Davis (2015) Top CEOs make 300 times more than typical workers, *Economic Policy Institute* [online] http://www.epi.org/publication/top-ceos-make-300-times-more-than-workers-pay-growth-surpasses-market-gains-and-the-rest-of-the-0-1-percent/.

9 Address to the Parliament of Paris, attributed by Weatard-Antoine G, *Histoire de Paris* (1834), vol 6, p 298, probably apocryphal.

10 Wikipedia, Willie Sutton [online] https://en.wikipedia.org/wiki/Willie_Sutton.

陷阱 45

1 I am slightly indebted to Dame Julia Cleverdon for recounting this theory to me. I am hugely indebted to her for all her support to me over the years.

2 Friedrich Nietzsche (1889/1895; 1977) *Twilight of the Idols and the Anti-Christ*, trans R J Hollingdale, Penguin. The original quotation was: 'From life's school of war: what does not kill me makes me stronger.'

陷阱 46

1 Thinking or doing? A good example of the trade-off is here: http://www.inc.com/empact/why-successful-people-spend-10-hours-a-week-just-thinking.html.

2 John Le Carré (1977; 2002) *The Honourable Schoolboy*, Scribner Book Company.

陷阱 50

1 Norman Lamont in his resignation speech on 9 June 1993.

2 First published in 1839 as *Journals and Remarks*.

3 Charles Darwin (1859) *On the Origin of Species by Means of Natural Selection, or the Preservation of Favoured Races in the Struggle for Life*, John Murray.

陷阱 52

1 Ibn Khaldun (1377) *The Muqaddimah* (307), various editions.

2 Niccolò Machiavelli (1532) *The Prince*, chapter XVII.

陷阱 53

1 Adam Smith (1776) *Wealth of Nations*, W Strahan and T Cadell.

2 Lawrence Mishel and Alyssa Davis (2015) Top CEOs make 300 times more than typical workers, *Economic Policy Institute* [online] http://www.epi.org/publication/top-ceos-make-300-times-more-than-workers-pay-growth-surpasses-market-gains-and-the-rest-of-the-0-1-percent.

3 Matteo Tonello (2015) New statistics and cases of CEO succession in the S&P 500, *Harvard Law School* [online] https://corpgov.law.harvard.edu/2015/04/23/new-statistics-and-cases-of-ceo-succession-in-the-sp-500.

4 Michael Cooper, Huseyin Gulen and P Raghavendra Rau (2010) Performance for pay? The relation between CEO incentive compensation and future stock price performance, *SSRN* [online] https://papers.ssrn.com/sol3/papers.cfm?abstract_id=1572085.

5 Nick Harris (2011) From £20 to £33,868 per week: a quick history of English football's top-flight wages, *Sporting Intelligence* [online] http://www.sportingintelligence.com/2011/01/20/from-20-to-33868-per-week-a-quick-history-of-english-footballs-top-flight-wages-200101/

6 Nick Harris (2016) Mind the gap..., *Mail Online* [online] http://www.dailymail.co.uk/sport/football/article-3456453/Mind-gap-Premier-League-wages-soar-average-salaries-2014-15-season-1-7million-rest-creep-along.html.

7 Ipsos MORI veracity index 2016 [online] https://www.ipsos-mori.com/researchpublications/researcharchive/3685/Politicians-are-still-trusted-less-than-estate-agents-journalists-and-bankers.aspx#gallery[m]/1.

陷阱 54

1 A struggling Korean baseball team tried to solve the problem of its lack of support by installing robot fans in the stalls: https://www.youtube.com/watch?v=PHTK63fgl4M.

2 Camel racing is enjoying a resurgence in the UAE, with robots riding the camels rather than children, which was once the case but has been outlawed: https://www.youtube.com/watch?v=pDBGdEZa9eM.

3 Tom Heyden (2015) The cows that queue up to milk themselves, *BBC* [online] http://www.bbc.co.uk/news/magazine-32610257.

4 Japanese waitresses: https://www.youtube.com/watch?v=8pYY3LQFAVU.

5 Education Endowment Foundation (nd) Philosophy for children [online] https://educationendowmentfoundation.org.uk/our-work/projects/philosophy-for-children

6 Pratik Chorge (nd) No school, no skateboarding: India's first rural skate park, *Hindustani Times* [online] http://www.hindustantimes.com/static/groundglass/no-school-no-skateboarding.

7 Morpeth School in south London had a strong table tennis programme for years, and in 2011 was selected as the training centre for the UK and Japanese teams for the 2012 London Olympics: http://www.bbc.co.uk/news/uk-england-london-12848896.

陷阱 55

1 Peter Drucker (1996) Your leadership is unique: Good news: there is no one 'leadership personality', *Greek Orthodox Metropolis of Boston* [online] http://boston.goarch.org/assets/files/your%20leadership%20is%20unique.pdf

2 J P Kotter (2001) What leaders really do? *Harvard Business Review*, **79** (11), pp. 85–96.

3 Warren Bennis and Burt Nanus (1985) *Leaders: The strategies for taking charge*, Harper and Row, p 21.